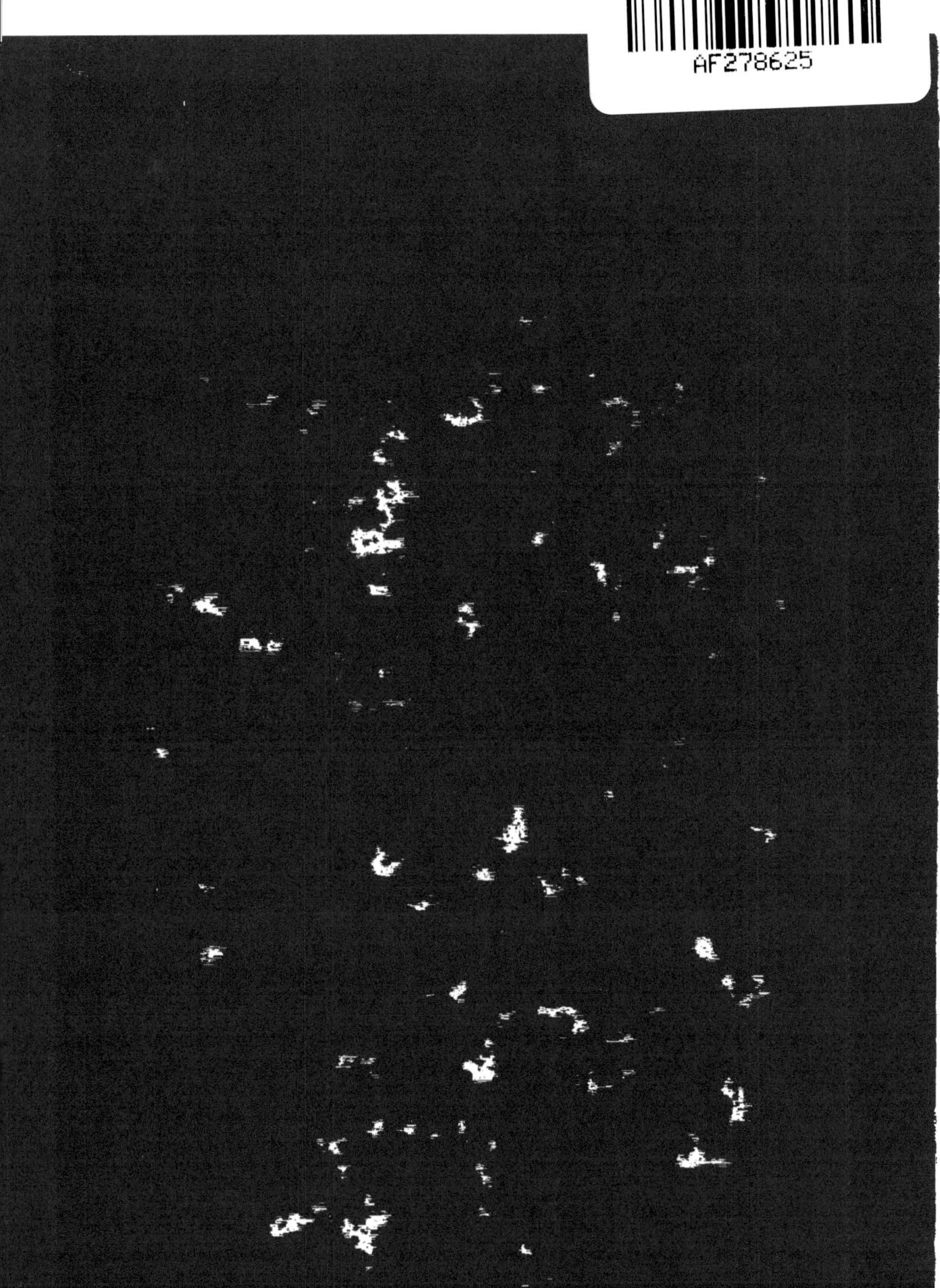

Passage du Pruth.

L'ÉCHO
DE LA GUERRE.

On parle de combats éternels, de luttes interminables, et cependant il serait facile aux souverains de consolider la paix pour toujours : qu'ils consultent les rapports et les mœurs des diverses nations entre elles, qu'ils leur donnent leur nationalité et les institutions qu'elles réclament, et ils auront trouvé la vraie balance politique. Alors tous les peuples seront frères, et ils s'embrasseront à la face de la tyrannie détrônée, de la terre consolée et de l'humanité satisfaite.

(*OEuvres de Napoléon III*, livre 1, p. 367.)

CHAPITRE PREMIER.

LES PRÉLUDES.

I.

Situation de l'Europe en 1853. — Arrivée du prince Menschikoff à Constantinople. — Ses procédés étranges. — Démission du grand visir et des autres ministres. — Audience du sultan.

Au commencement de 1853, l'Europe semblait en possession d'une paix durable. Comprimées ou ajournées, les causes latentes des convulsions intérieures laissaient partout un champ libre à l'action des gouvernements établis. Le principe d'autorité, redevenu prépondérant, de Pétersbourg à Paris, semblait agir dans un but identique, uniquement préoccupé de sa consolidation personnelle et des œuvres matérielles qui s'y rattachent soit comme réparation du passé, soit comme préparation de l'avenir. La politique extérieure paraissait sommeiller. Peu de gens du moins en soupçonnaient les complications, et il fallait une certaine habitude des mystères diplomatiques, il fallait surtout avoir suivi attentivement la marche souterraine de la politique russe pour entrevoir, dans la question toute secondaire des lieux saints, le grain de sable qui allait briser l'engrenage d'une situation en apparence si pacifique.

Cette question, il faut le dire, était peu connue en France, où les contestations de rivalité cléricale n'ont plus aujourd'hui, pour personne, qu'un médiocre intérêt. En Angleterre, pays de rationalisme religieux, elle était moins comprise encore. Elle apparut tout à coup avec sa portée réelle, ou plutôt avec l'importance que lui donnaient les événements, lorsque le 8 février 1853, on vit débarquer à Constantinople le prince Menschikoff, ministre et favori du tzar Nicolas, un des grands dignitaires de l'empire, celui de tous que son nom historique, sa position spéciale et des services déjà nombreux semblaient associer le plus directement à la pensée de son souverain.

Accompagné d'une suite brillante et d'un état-major presque impérial, Menschikoff déploya immédiatement le double caractère d'ambassadeur extraordinaire et de ministre plénipotentiaire du tzar. Il refusa de rendre au ministre des affaires étrangères Fuad-Effendi, dont il prétendait avoir à se plaindre, la visite accoutumée, se borna à se présenter, en simple habit de ville, chez le grand-vizir Méhémet-Ali-Pacha, comme pour constater seulement sa présence à Constantinople, et réclama sans autre délai une audience particulière du Grand-Seigneur, pour lui remettre ses lettres de créance.

Par une juste susceptibilité, Fuad-Effendi donna aussitôt sa démission.

Peu de temps après, une seconde scène du même genre, et plus impérieuse encore, vint étonner le Divan. Le grand vizir et tous les ministres réunis en conseil attendaient le prince Menschikoff à une conférence où ses propositions devaient être discutées. Il avait accepté le rendez-vous ; mais à l'heure dite, il changea subitement d'avis, et au lieu de se rendre à la conférence chez le grand vizir, il alla droit au palais impérial de Tcheragan et insista pour parler ce jour-là même au sultan, qui, Menschikoff ne l'ignorait pas, pleurait encore, dans ses appartements, la mort de sa mère, la sultane Validé, décédée depuis quelques jours.

Ces procédés en dehors de tous les usages et d'une arrogance calculée, auraient conduit, il y a soixante ans, le ministre russe au château des Sept-Tours. La Porte y a renfermé souvent les ambassadeurs des puissances chrétiennes pour des motifs beaucoup moins graves, quelquefois même sans aucun motif. Mais les temps et les rôles étaient changés. A l'audace, à l'énergie des anciens sultans avaient succédé, chez leurs successeurs, des sentiments de prudence proportionnés à la situation actuelle de l'empire. Longtemps les victoires et la grandeur des Mahomet II, des Sélim Ier, des Soliman Ier, des Amurath IV, avaient conservé, dans la race d'Othman, une sorte de fierté sauvage que le malheur des armes turques, depuis cent cinquante ans, n'avait pu abattre et dont les dernières étincelles éclataient encore dans Mahmoud II, leur avant-dernier successeur.

Abdul-Medjid sut imposer silence à ses secrets ressentiments.

Trop prudent pour accélérer inutilement l'explosion qu'il prévoyait, il accorda l'audience exigée par l'ambassadeur. Le grand vizir et tous les ministres donnèrent leur démission pour ne pas sanctionner, en conservant leur poste, l'outrage fait à la dignité ministérielle ; et Menschikoff put se flatter un moment d'imposer à la Porte intimidée la volonté toute-puissante de l'autocrate.

Il s'abusait toutefois. Abdul-Medjid ne songeait qu'à gagner du temps, afin de bien mettre dans tout leur jour, aux yeux des puissances européennes, les prétentions injurieuses de la Russie. Il écouta froidement les récriminations de l'ambassadeur, et répondit qu'il examinerait.

II.

Les lieux saints. — La Palestine : le Thabor, Bethléem, Jérusalem. — Populations musulmane, grecque, arménienne et catholique. — Le saint-sépulcre.

Bien que l'affaire des lieux saints n'ait été, tout le monde en convient aujourd'hui, qu'un prétexte entre les mains de la Russie, une sorte de manteau artificieusement étendu sur de tout autres desseins, comme cette question était, du côté de la France, parfaitement sincère, il est bon d'en exposer succinctement l'origine et la substance.

Un mot d'abord sur ces lieux célèbres dont le nom s'est reproduit si souvent, depuis deux années, sous la plume des négociateurs et des écrivains.

La Palestine, actuellement au pouvoir des Turcs, est une partie de la Syrie enclavée entre la Méditerranée, l'Arabie et les pachaliks de Damas et d'Acre, l'ancienne Ptolémaïs. Dans ce périmètre se sont accomplis et les scènes principales de l'histoire biblique et les grands mystères de la religion chrétienne. Là se trouve la mer Morte, ou lac Asphaltite, vaste abîme de soufre et de bitume où les villes maudites furent englouties. Plus loin la vallée de Josaphat traversée par le torrent de Cédron, et dans laquelle se fera entendre, à la fin des siècles, le terrible signal qui doit appeler tous les hommes au jugement de Dieu.

Sur le versant occidental du mont Thabor, non loin de la sainte colline de Sion, s'élève Nazareth où l'ange Gabriel vint annoncer à Marie la naissance du Christ. Bâtie en amphithéâtre sur les flancs sinueux de la montagne, Nazareth n'est plus aujourd'hui qu'une bourgade peuplée de 3000 habitants. On montre dans son église, assez irrégulière, l'emplacement qu'occupait la maison de la Vierge et la grotte attenante où la tradition place le mystère de la Conception.

Bethléem, à neuf kilomètres au sud de Jérusalem, est la patrie de David, le berceau du Christ et le théâtre des principales scènes de la Passion. Là se trouve le noyau de la population catholique de la Palestine ; on y compte 2000 latins, 1500 Grecs, 360 musulmans et 115 Arméniens schismatiques, en tout 3965 habitants, qui longtemps ont vécu en parfaite harmonie les uns avec les autres, en s'appuyant, lorsqu'ils avaient besoin de secours, sur les deux tribus arabes des Béthuliens et d'Aboul-Goch, avec lesquelles ils avaient contracté une étroite alliance. Cette bonne intelligence n'existe plus aujourd'hui.

Bien que fort déchue, non pas seulement de son ancienne grandeur, mais même de ce qu'elle était au moyen âge, Jérusalem est encore aujourd'hui la plus importante des villes saintes. Plusieurs géographes lui donnent 30 000 habitants ; mais en réalité elle n'en a guère plus de 15 000, savoir : 700 juifs, 5000 musulmans, 1000 à 1200 catholiques, 2000 Grecs schismatiques, et quelques Arméniens. C'est, comme on sait, dans cette ville qu'est le saint sépulcre, petite église de marbre située sous l'immense coupole de la grande basilique dont les Turcs ont fait leur principale mosquée. Cet étroit sanctuaire se divise en deux parties inégales. Vient d'abord, en entrant, la chapelle de l'Ange ; elle a 10 pieds de long et autant de large ; ensuite un autre compartiment, divisé lui-même en deux parties séparées, la première où se tiennent les pèlerins, la seconde où se trouve le marbre qui recouvre l'emplacement du corps du Sauveur dans le sépulcre. A la voûte sont suspendues une multitude de lampes qui ne s'éteignent jamais : sur le tombeau les religieux répandent de temps en temps des eaux de senteur et des aromates. Dès que les Turcs ouvrent l'église, la foule des pèlerins s'y précipite, et comme ils n'y peuvent pénétrer plus de quatre à la fois, on ne peut s'y arrêter qu'un instant quand le concours est considérable. Lorsque l'église est fermée, les prières et les offices s'y disent simultanément dans toutes les langues et selon tous les rites.

C'est à Jérusalem surtout que les religieux des deux communions grecque et latine donnent le spectacle de leurs rivalités et de leurs luttes sans cesse renaissantes.

III.

Rivalité des différents cultes. — Superstitions du rite grec. — Miracle annuel du feu saint la veille de Pâques. — Les couvents et les moines russes.

Les luttes, les rivalités entre les différentes communions se conçoivent ; le schisme de Photius et la séparation des deux Églises grecque et latine les rendaient malheureusement inévitables.

Ce que l'on comprend moins, surtout aujourd'hui, c'est l'étrange superstition dont l'Église d'Orient a longtemps donné l'exemple dans les lieux mêmes où la religion chrétienne ayant pris naissance aurait dû, à ce qu'il semble, le mieux conserver sa pureté originale. De tous les actes de crédulité dont un peuple ignorant et fanatique puisse se montrer capable, il n'en est pas de plus singulier que celui qui a lieu tous les ans, la veille de Pâques, à Jérusalem, dans l'église du Saint-Sépulcre, à l'occasion du *feu saint*.

Sans doute on a essayé de ressusciter parmi nous, dans ces derniers temps, la superstition par de bien tristes saturnales. Mais la tentative a eu peu de succès ; elle s'est éteinte assez promptement dans le ridicule ; et il faut reconnaître que le haut clergé n'y a pris aucune part. Les choses se passent autrement à Jérusalem. Nous en empruntons le récit à l'Anglais Maundrell, voyageur renommé pour son exactitude.

« Nous fûmes, sur le midi (3 avril 1696), voir la fonction du feu saint : c'est une cérémonie continuée par les Grecs et par les Arméniens, qui croient que la veille de Pâques il descend une flamme miraculeuse du ciel dans le saint sépulcre, laquelle y allume toutes les lampes et toutes les chandelles, comme le sacrifice fut brûlé à la prière d'Élie (I *Rois*, XVIII).

« Étant allés à l'église du Saint-Sépulcre, nous la trouvâmes remplie d'une foule de peuple insensé, qui faisait un bruit épouvantable, plus convenable à des ivrognes qu'à des chrétiens. Nous traversâmes la presse avec beaucoup de difficultés ; et nous étant rendus dans la galerie du côté de l'église, où est le couvent latin, nous vîmes tout ce qui se passa dans cette frénésie religieuse.

« Ils commencèrent leurs désordres en courant autour du saint sépulcre de toutes leurs forces, et criant à haute voix : *Vuia*, qui signifie *c'est lui* ou *c'est cela*, expression par laquelle ils confirment la religion chrétienne. Après s'être bouleversé la cervelle par l'extravagance de ces tournements et par leurs cris, leur folie étant enflammée, ils commencèrent à faire mille gestes et mille actions les plus ridicules du monde. Quelquefois ils se tiraient par terre tout autour du sépulcre. Ils montaient sur les épaules les uns des autres et marchaient de cette manière en tournant toujours. Ils prenaient des hommes qu'ils mettaient sens dessus dessous, les pieds en l'air, exposant leurs nudités de la manière du monde la plus scandaleuse. D'autres faisaient des tours de passe-passe et voltigeaient autour du sépulcre comme s'ils eussent été sur un théâtre. En un mot, on ne saurait rien concevoir de plus ridicule ni de plus extravagant que ce qui se passa en cette occasion,

» Ils continuèrent cet enthousiasme tumultueux depuis midi jusqu'à quatre heures. Voici la raison de ce délai. Il y avait en ce temps-là un débat entre les Grecs et les Arméniens devant le cadi. Les premiers ne voulaient pas permettre aux derniers d'assister ou d'avoir part au miracle du feu du ciel. On m'assure qu'ils avaient dépensé de part et d'autre cinq mille écus à poursuivre cette controverse ridicule. Le cadi prononça enfin la sentence, par laquelle il ordonna qu'ils entreraient ensemble au saint sépulcre, comme cela s'était pratiqué autrefois. Cette sentence ayant été prononcée à quatre heures, les deux nations continuèrent leur cérémonie. Les Grecs s'avancèrent les premiers en procession autour du saint sépulcre, et les Arméniens les suivirent immédiatement. Ils firent de cette manière par trois fois le tour du saint sépulcre, avec toutes leurs cérémonies, leurs étendards, leurs banderoles, leurs crucifix et leurs habits en broderie.

« Vers la fin de cette procession, on vit voler un oiseau dans le dôme qui est au-dessus du sépulcre. Le peuple jeta de grands cris à sa vue. Les Latins nous dirent que les Grecs avaient lâché cet oiseau pour persuader au peuple que c'était une descente visible du Saint-Esprit.

« La procession étant finie, le suffragant du patriarche grec, lequel était à Constantinople, s'approcha de la porte du sépulcre avec le principal évêque arménien. Ils coupèrent le cordon avec lequel elle était attachée et scellée, et y entrèrent. On avait eu soin, avant cela, d'éteindre toutes les chandelles et toutes les lampes qui y étaient, en la présence des Turcs et d'autres témoins. On redoubla les acclamations à mesure que le miracle approchait de son accomplissement ; et le peuple se pressait de telle sorte vers la porte du sépulcre qu'il fut impossible aux Turcs, postés pour en défendre l'entrée, de le faire, bien qu'ils frappassent sur la populace de toute leur force. L'envie qu'ils avaient d'être des premiers à allumer leurs chandelles à la flamme sainte les faisait presser de cette manière pour avoir cet avantage, dès qu'elle paraîtrait hors du sépulcre. C'est alors qu'ils l'estiment la plus sacrée et la plus pure, comme venant immédiatement du ciel.

« Les deux faiseurs de miracles n'eurent pas été plus d'une minute dans le saint sépulcre que l'on commença ou du moins que l'on s'imagina voir paraître quelques rayons du feu sacré par quelques fentes de la porte. Cette vue donna un transport si violent à cette multitude insensée, que l'on aurait de la peine à en voir un pareil aux Petites-Maisons.

« Dans ce moment, les deux prêtres sortirent, ayant entre leurs mains des torches allumées, qu'ils exposèrent à la porte du sépulcre. Le peuple, de son côté, s'empressait d'en approcher avec une ardeur inexprimable, chacun souhaitant avec passion d'obtenir une partie de cette première flamme qu'ils estiment la plus pure. Cependant les Turcs les chargeaient de coups sans aucune miséricorde. Mais leur transport était si violent, qu'ils ne les sentaient pas. Ceux qui pouvaient obtenir de ce feu se l'appliquaient immédiatement à la barbe, au visage et à l'estomac, pour marquer qu'il ne brûlait pas comme les flammes terrestres. J'observai cependant qu'il n'y en avait point qui pussent en faire l'expérience assez longtemps pour en prouver la vérité.

« Comme il y avait un très-grand concours de peuple, on vit en un moment un nombre incroyable de cierges allumés. Toute l'église et les galeries parurent enflammées en un instant, et la cérémonie finit par cette illumination.

« Il faut avouer que les deux personnes qui entrèrent dans le sépulcre, s'acquittèrent de leur emploi avec une vitesse et une adresse extraordinaires. Mais les actions de la populace diminuent extrêmement le crédit du miracle. Les Latins font tous leurs efforts pour désabuser le peuple, leur montrant que c'est une imposture honteuse et un scandale à la religion chrétienne. Cependant les Grecs et les Arméniens sont persuadés de la vérité de ce miracle, lequel est le véritable motif de leurs pèlerinages. On ne saurait assez déplorer le malheur de leurs prêtres, lesquels après avoir si longtemps contrefait ce miracle, n'oseraient désabuser le peuple, de peur de le faire tomber dans l'apostasie.

« Au sortir de cette église, après tout ce tintamarre, nous vîmes plusieurs personnes assemblées autour de la pierre de l'onction. Ces gens ayant plusieurs cierges allumés au feu sacré, étaient occupés à en faire dégoutter la cire sur des draps de toile, destinés à leur servir de draps mortuaires. La raison de cela est que ces pauvres créatures se sont persuadées que, pourvu qu'elles aient le bonheur d'être ensevelies dans ces draps, elles ne sauraient être exposées aux flammes de l'enfer. »

Une condition nécessaire pour que le feu sacré descende du ciel, c'est que les Grecs et les Arméniens ne soient pas brouillés ; ils ont besoin de rester amis pour ne pas se démasquer les uns les autres. Ajoutons ici la déposition du chevalier d'Arvieux :

« Il est assez ordinaire que les pachas et les cadis de Jérusalem envoient chercher les patriarches de ces chrétiens schismatiques, et leur font des avanies sur bien des choses, et sur l'abus qu'ils font de leur prétendu saint feu, avec lequel ils trompent les peuples. Leur réponse ordinaire est qu'il est constant que ce feu est réellement une fois descendu du ciel, et qu'ils sont obligés de feindre qu'il descend tous les ans, non-seulement pour entretenir la dévotion du peuple pour les saints lieux et nourrir leur foi, mais encore pour pouvoir recueillir de leurs aumônes de quoi payer les taxes et les contributions qu'ils doivent au Grand Seigneur et à ses officiers. Cette raison est, sans contredit, celle qui frappe davantage les Turcs; et quand elle est soutenue de quelques milliers de piastres, ils la jugent excellente, et leur permettent d'abuser les peuples tant qu'ils veulent, ou tant qu'ils sont en état de la soutenir par le même moyen. »

Napoléon III, empereur des Français.

Comme on le voit, le récit même du caustique voyageur prouve que loin de partager la superstition populaire, le clergé grec ne s'y prête que par calcul et en quelque sorte par nécessité de position.

Quel respect veut-on que les Turcs, témoins de pareils actes, conservent pour un culte qui semble les autoriser ? Quel cas peuvent-ils faire des immunités séculaires au moyen desquelles on leur donne un pareil spectacle ?

Il faut dire, toutefois, que les ridicules cérémonies que nous venons de rapporter sont abandonnées peu à peu par les Grecs d'Orient. Mais, si on voulait les ramener complètement, et avec elles bien d'autres encore, le moyen le plus efficace, sans contredit, serait d'accorder à la Russie le protectorat qu'elle réclame. Nul doute qu'elle ne s'empressât de transporter à Jérusalem les usages superstitieux et le matérialisme stupide qui caractérisent le culte et le clergé dits orthodoxes. Pour nous faire une idée de ce qui se produirait alors dans la ville du Christ, et du spectacle qui s'y offrirait aux yeux des pèlerins, transportons-nous un instant dans un des monastères les plus célèbres de la Russie, le monastère de Troïtza, près de Moscou, et voyons l'édifiante manière dont les choses saintes y sont traitées. Un témoin oculaire, un Russe impartial, dont le récit a été consigné dans un ouvrage publié naguère, va nous l'apprendre.

« Je communiquais un jour à un Russe quelques observations au sujet du culte grec. A peine eus-je prononcé le mot de *moines*, qu'il dit *tfou !* (fi !) avec un de ces crachements énergiques par lesquels les Russes expriment leur dégoût.

« Il paraît, lui dis-je, que les moines ne sont guère dans vos bonnes grâces ?

— Les moines ?... allons, je ne veux pas jurer.... Mais je puis dire au moins, car c'est la vérité, que c'est de la racaille. Savez-vous que ce sont eux qui m'ont fait perdre toute religion?... Oui, monsieur; si maintenant je ne crois plus à rien, à rien du tout, c'est aux moines que je le dois.

— Cela n'est pas impossible; mais dites-moi comment vous en êtes arrivé là.

— Tenez, monsieur, j'avais certainement la bosse de la piété : j'étais l'enfant le plus dévot qu'on pût voir; j'étais heureux jusqu'à l'extase quand je pouvais baiser les reliques des saints et les dalles de nos églises, quand je pouvais toucher la main d'un prêtre ou d'un moine; les moines surtout étaient l'objet de mon adoration; je les voyais comme entourés d'une auréole de sainteté, et les couvents m'apparaissaient comme des échantillons du royaume de Dieu. Mon désenchantement a commencé lors de mon premier voyage à *Troïtza*. C'est un grand et magnifique couvent qui a joué un rôle distingué dans notre histoire nationale, et qui est un lieu de pèlerinage pour toute la Russie. Je fis le chemin pieds nus, tête découverte : le cœur me battait pendant toute la route comme si j'allais me trouver en face du bon Dieu en personne. Ma ferveur augmentait par tout ce que je voyais autour de moi : la route était couverte de voitures qui se rendaient au saint lieu ou qui en revenaient; je voyais des masses de pauvres gens qui arrivaient là des gouvernements les plus éloignés; je voyais des demoiselles délicates, des dames élégantes, des jeunes gens de noble famille, aller à pied en se faisant suivre de leurs voitures. Quand j'aperçus de loin le couvent avec ses créneaux et ses nombreuses coupoles, la vue de ces lieux si ardemment désirés, de ce sanctuaire fondé par notre grand saint Serge, de ces murs

crénelés où nos ancêtres avaient soutenu des siéges pour leur foi et leur indépendance, cette vue me jeta dans l'extase ; je me prosternai contre terre et je baisai longtemps cette poussière que je regardais comme parfaitement sacrée; puis je m'avançai vers le couvent en récitant tout ce que je me rappelais des passages de l'Ancien Testament relatifs à la gloire du temple de Jérusalem. Heureusement j'étais alors à l'âge où la tête commence à s'ouvrir; d'ailleurs je me préparais pour l'examen de l'université et j'avais appris un certain nombre de passages de l'Évangile.

« Je fus frappé dès l'abord de l'extérieur vulgaire des moines, et de leurs manières cyniques; ils poussaient rudement la foule qui se prosternait autour des saints objets ; pendant que j'étais prosterné devant l'image de saint Serge, l'un d'eux me dit brusquement : « Il paraît que tu ne veux pas dîner aujourd'hui. » Quand je demandai le crucifix à baiser, on me le poussa avec impatience sur le nez. Les saints compères faisaient tout leur service machinalement, et comme pressés d'en finir avec une besogne ennuyeuse; cependant ils recevaient l'argent avec la même avidité que les marchands de notre bazar. Je fus d'abord stupéfait de tout cela; puis à mesure que je regardais, j'étais saisi d'une pénible curiosité et d'une profonde angoisse : je cherchais les hommes de Dieu, les pères des saints, les apôtres du Christ, et je ne voyais que des êtres crapuleux et hébétés, qui exploitaient cyniquement la dévotion de la foule. Mon chagrin augmenta lorsque je les vis montrer au public les magnifiques trésors de leur couvent : à la vue de ces tas d'or, d'argent et de pierreries, je récitai involontairement en moi les passages de notre Évangile, ceux-ci, par exemple : « Ne vous faites pas de trésor que la rouille puisse ronger.... Mon royaume n'est pas de ce monde.... On ne peut servir à la fois Dieu et l'or.... Il faut adorer Dieu en esprit et en vérité. »

« Je sortis scandalisé ; je rencontrai devant l'église un de mes amis qui donnait des leçons chez un seigneur des environs ; il rit beaucoup de mon désespoir qu'il appelait *plus que naïf*.

« C'est absolument, disait-il, comme si tu allais te désoler de ce que l'eau des rivières coule au lieu de rester immobile. »

« Et il me raconta des traits de mœurs qui m'ouvrirent largement les yeux. Depuis, j'ai eu l'occasion de faire con-

Victoria, reine d'Angleterre.

naissance avec les moines ; j'ai bu avec eux ; je les ai vus cacher leur bouteille d'eau-de-vie dans leur paillasse ; j'ai connu leurs intrigues pour attirer des donations à leurs couvents, etc., etc., etc. »

« Et le Russe termina par un *tfou !* plus énergique que le premier.

« On prétend, lui dis-je alors, que vos religieuses sont plus actives et valent mieux que les moines ? »

« Le Russe secoua malicieusement les épaules.

« Il y a quelque chose de vrai dans ce bruit-là ; mais, mon cher monsieur, ici encore cette drôlesse de nature prend sa revanche. Il y a quelques années, la comtesse O..., fatiguée des cancans et du vide de nos grandes sociétés, se retira dans un cloître ; mais, quelque temps après, elle rentra dans le monde pour y chercher, disait-elle, *un asile contre les cancans du couvent.* Quant à la moralité de nos religieuses, elle est assez bonne, grâce au grand âge de la plupart d'entre elles ; cependant il y a des cas particuliers ; j'ai un ami, fils de prêtre, qui gagne de l'argent à mettre en rapport des religieuses avec de jeunes seigneurs. J'ai été témoin d'une de ces étranges négociations.... Et vous voulez que j'estime ces gens-là !... Vous voulez m'empêcher d'abhorrer leur absurde et abominable métier ! »

L'auteur auquel nous empruntons ces détails y ajoute quelques renseignements sur le culte de l'Église russe qu'il nous paraît également utile de reproduire.

« J'assistai il y a quelques jours à une messe russe.

« Le service n'avait rien qui pût émouvoir ; il n'avait ni l'éclat et la grandeur majestueuse et artistique de notre culte catholique, ni la spiritualité austère du culte protestant ; il me faisait l'effet d'un catholicisme arrêté en chemin ; c'était du luxe sans goût, de l'appareil sans noblesse. Les cérémonies étaient mesquines sans être simples ; les officiants, malgré leurs costumes assez riches, avaient un air vulgaire, et manœuvraient plutôt qu'ils n'officiaient, avec un sans-façon machinal. Mais ce qu'il y avait de plus curieux, c'était la lecture de la liturgie et des livres saints ; on ne peut se faire une idée de la rapidité avec laquelle le lecteur s'acquittait de sa besogne ; c'était prodigieux ; on n'entendait qu'un long bredouillement entrecoupé de quelques points d'orgue ; c'était une telle fluidité, une telle vélocité d'articulation, que cela me parut comique, et je fus tout étonné de ne voir autour de moi que des figures graves qui continuaient à incliner la tête sur la poitrine en faisant des signes de croix. Je me rappelai alors ce qu'un prêtre m'avait dit sur le goût des Russes pour le *tambourinage* du service religieux. La lecture se faisait en slavon, et elle était parfois interrompue par le dialogue psalmodié des officiants et des chanteurs. Là encore je retrouvai ces formules éternellement répétées qui m'ont souvent choqué dans nos églises, parce qu'elles me rappellent les paroles de Jésus-Christ : « N'usez pas de « vaines redites, comme font les païens [1]. »

Nous demandions plus haut le cas que les Turcs, en présence des singularités étranges ou ridicules du culte grec, peuvent faire des immunités séculaires au moyen desquelles on leur a donné le spectacle.

Cependant rien de plus sérieux au fond que ces immunités ; rien de plus respectable dans son origine.

1. *Un missionnaire républicain en Russie*, t. I, p. 190 et suivantes.

IV.

Immunités et priviléges obtenus par la population franque en Palestine. — Anciennes possessions. — Capitulations ou traités avec les princes catholiques. — Empiétements du clergé grec.

Les priviléges accordés aux Francs dans la terre sainte par les conquérants de la religion mahométane remontent aux croisades.

Lorsque, après des luttes gigantesques, après avoir placé et conservé pendant quatre-vingts ans sur le trône de David et de Salomon, une dynastie française, le christianisme fut enfin forcé d'abandonner la Syrie aux musulmans victorieux, les princes chrétiens cherchèrent à obtenir, au moins pour les objets vénérés de leur culte, certaines immunités, certaines garanties qui les missent à l'abri de la destruction. Les musulmans respectent le fondateur de notre religion. Ils le regardent comme un prophète éminent, dont la grandeur ne le cède qu'à celle de Mahomet lui-même. Pleins de vénération pour le tombeau de celui-ci et pour leurs villes saintes de la Mecque et de Médine, ils comprirent le sentiment religieux qui attirait les chrétiens vers le tombeau de Jésus, vers les lieux témoins de sa naissance, de sa passion et de sa mort. Les Sarrasins, peuple généreux et chevaleresque, n'hésitèrent pas à déférer aux vœux des souverains de l'Occident. Après avoir déclaré les Latins *possesseurs légitimes* des sanctuaires qu'ils occupaient, ils donnèrent *l'église du Saint-Sépulcre* au roi dépouillé de Jérusalem, et lui permirent d'entretenir, à ses frais, des prêtres francs comme gardiens du tombeau sacré. Puis ces priviléges ayant été contestés par un des successeurs de Saladin, en 1342, Robert d'Anjou, roi de Naples, qui tenait par héritage, de la maison de Lusignan, le titre de roi de Jérusalem, les racheta à prix d'argent.

Ces actes reçurent une éclatante consécration, deux cents ans plus tard, alors que les sultans de Constantinople ayant succédé, en Syrie, aux khalifes, et aux soudans d'Égypte, étendirent leur pouvoir sur Jérusalem et sur toute la Palestine. Soliman II, allié de François Ier, les confirma solennellement, en 1535, sur la demande de ce monarque, et reconnut aux Latins, placés sous la protection française, le libre exercice de leur culte, l'entière possession *d'oratoires et autres établissements* par eux occupés, aussi bien que le droit d'y faire *toutes les réparations nécessaires.*

On sait que les capitulations subséquentes obtenues de la Turquie sous les règnes de Henri III, de Louis XIII et de Louis XIV, ainsi que le traité du 6 messidor an x (25 juin 1802) entre la République française et la Sublime Porte, sont la confirmation pure et simple des anciennes stipulations.

Les immunités exercées ou garanties par la France dans les lieux saints subsistaient donc en droit depuis plus de cinq cents ans, lorsque la diplomatie française eut à s'en occuper de nouveau vers le commencement de 1850.

Naturellement, les princes français appartenant à la religion catholique, avaient stipulé, dans leurs démarches relatives aux lieux saints, les seuls intérêts de la communion latine. Au temps des croisades, c'est-à-dire à l'époque de la domination sarrasine en Syrie, les Grecs schismatiques ne pouvaient inspirer aucun intérêt aux monarques de l'Occident. Plus tard, sous la domination turque, la religion orthodoxe appuyée partout d'un clergé nombreux, et ayant à Constantinople un patriarche presque toujours écouté par la Porte dans les matières ecclésiastiques, cette religion, disons-nous, pouvait aisément faire ses affaires elle-même. Il est à remarquer, en effet, que, malgré les avanies et les injustices inséparables de la conquête, le culte grec, même aux époques les plus ardentes du fanatisme musulman, a toujours obtenu du gouvernement turc des concessions au moins égales à celles qu'obtenaient de lui les autres communions chrétiennes.

Ce culte voulut partager les priviléges des catholiques en Palestine. Il y parvint sans peine, le nombre de ses adhérents justifiant d'ailleurs ses prétentions, puisque, grâce à la diminution progressive des résidents latins en Syrie, on ne compte plus à Bethléem, Joppé et Jérusalem, siéges autrefois d'une si nombreuse population catholique, que 3850 résidents de cette communion, tandis que le rite grec en compte 4500, auxquels peuvent s'ajouter à peu près 700 arméniens schismatiques.

A la faveur de leur position à Constantinople, et de leur crédit auprès des autorités locales, les Grecs se mirent peu à peu en possession de treize couvents. Ils conquirent de plus la communauté des sanctuaires, d'abord exclusivement affectés à l'Église latine; puis, s'enhardissant avec le succès, ils parvinrent à s'attribuer la jouissance exclusive de neuf de ces sanctuaires sur les dix-neuf que les catholiques possédaient en 1740. On les accuse aussi d'avoir, dans leurs usurpations au Calvaire, détruit, en haine du catholicisme, les tombes de Godefroy de Bouillon, de Baudouin et des autres rois des croisades, et en dernier lieu d'avoir fait disparaître de l'église de la Nativité à Bethléem, l'étoile d'argent, souvenir de celle qui conduisit les rois mages au berceau du Sauveur, et symbole antique du droit de propriété octroyé aux Latins.

En fin de compte, de toutes les églises ou sanctuaires qu'ils possédaient autrefois dans la Terre sainte, les catholiques n'en ont plus en propre aujourd'hui que quatre : la grotte et l'église de l'Annonciation à Nazareth; l'église de Tibériade, où saint Pierre reçut ses pouvoirs de Jésus-Christ; celle de la Flagellation, sur l'emplacement du palais de Pilate, à Jérusalem, et la grotte de l'Agonie, à Gethsémani. Tout le reste est devenu propriété commune ou leur a été complétement enlevé.

Ces infractions à la justice et à l'ordre établi étaient autant d'atteintes aux dispositions formelles des anciens traités. Mais à qui s'en plaindre? à qui porter les réclamations des parties lésées? Le Divan ne saurait attacher d'intérêt réel à ces perpétuels conflits des diverses communions chrétiennes. Les puissances protestantes y restaient naturellement étrangères. L'Autriche, puissance en partie catholique, n'a jamais pris d'attitude bien décisive dans ces sortes de débats. La France seule pouvait, à raison de ses précédents, intervenir efficacement dans la question. C'est à elle que les Pères de la terre sainte adressèrent leurs doléances; elle entreprit de leur procurer satisfaction.

V.

Le général Aupick, alors ambassadeur de la république auprès de la Sublime Porte, reçut ordre de réclamer le rétablissement de l'état de choses réglé par les capitulations; ce qu'il fit en mai 1850.

Accoutumée aux exigences de la Russie, dont elle avait depuis longtemps pénétré les vues secrètes, la Porte craignit que cette demande de la France, toute juste qu'elle fût, n'amenât des complications sérieuses, et fit partager son opinion à l'ambassadeur d'Angleterre, lord Stratford, qui en avertit aussitôt son gouvernement.

La Porte essaya d'abord de gagner du temps. Ce fut seulement le 30 décembre 1850 qu'elle répondit à la communication du ministre français. Puis, sur de nouvelles instances de celui-ci, elle remit l'affaire entre les mains d'une commission mixte composée de Francs et de Grecs sous la présidence d'un haut dignitaire ottoman. Cette commission tint plusieurs séances, et telle était l'évidence du droit des catholiques, qu'elle se montrait déjà favorable à leurs réclamations, lorsque le tzar Nicolas, par une lettre autographe adressée au sultan et dans laquelle il blâmait la conduite des ministres turcs, s'opposa avec hauteur à toute modification du *statu quo*, demandant impérieusement le maintien de l'état possessoire actuel des différentes communions chrétiennes en Syrie.

Devant cette exigence, trop ordinaire maintenant dans les rapports de la Russie avec la Porte Ottomane, les ministres turcs prononcèrent la dissolution de la commission mixte et la remplacèrent par une commission d'enquête, exclusivement composée de musulmans. C'était révéler l'embarras de la Porte; c'était aussi une tentative de conciliation, la commission musulmane devant naturellement se conformer aux directions qui lui seraient données par le Divan. Essayant de débrouiller le chaos des prétentions diverses et d'opérer une sorte de transaction, sans d'ailleurs se prononcer sur le fond même du litige, la Porte rendit, après vingt et un mois d'atermoiements et de lenteurs calculées, une décision qu'elle notifia le 9 février 1852 à M. de Lavalette, successeur du général Aupick dans l'ambassade française. Elle accordait aux Latins le droit de pénétrer par la grande porte dans la chapelle de la Vierge à Bethléem et d'y officier conjointement avec les Grecs; par compensation elle donnait aux Grecs le droit d'officier dans la mosquée appelée coupole de l'Ascension, privilége qui jusqu'alors avait appartenu exclusivement aux catholiques.

Cette décision incomplète et ambiguë était de nature à ne contenter personne. Elle devait surtout blesser les Latins, auxquels elle était loin de faire justice. Cependant M. de Lavalette, comprenant que l'affaire avait changé de face depuis l'intervention personnelle de l'empereur de Russie, et préférant une satisfaction même illusoire aux dangers d'une insistance plus absolue, crut devoir accepter la substance des concessions faites par la Porte, en se bornant à de simples réserves sur la teneur toujours subsistante des capitulations et des priviléges qui en résultent.

Après cette réponse, croyant l'affaire terminée, ou sentant peut-être le besoin de se concerter avec son gouvernement en vue de nouvelles complications faciles à prévoir, il partit en congé pour Paris.

A peine avait-il quitté Constantinople que la légation russe abusant de son influence sur le Divan, obtenait un firman, qui, sans revenir sur les concessions accordées à l'ambassadeur français, expliquait le texte des capitulations, c'est-à-dire d'un traité en pleine vigueur, de manière à frapper d'une négation implicite les titres que l'Église latine y avait toujours trouvés.

Aussi, au retour de M. de Lavalette, le conflit des rivalités politico-religieuses se réveilla-t-il avec une nouvelle ardeur. La discussion s'établit sur l'enregistrement du firman, et sur sa publication, refusée par l'ambassade française, exigée par la légation russe avec proclamation officielle du *statu quo* en faveur des Grecs dans la possession des lieux saints, ce qui impliquait virtuellement l'annulation des capitulations. La solution resta longtemps indécise. Enfin la Porte prit le parti de tenir ses engagements envers la France, et la décision en fut notifiée au corps diplomatique par le nouveau ministre des relations extérieures, Fuad-Effendi. C'est alors qu'on apprit tout à la fois et les préparatifs militaires de la Russie et l'arrivée du prince Menschikoff, débarquant à Constantinople, après avoir passé en revue avec une sorte d'apparat les troupes stationnées en Bessarabie et la flotte de Sébastopol.

Tel est le précis exact du débat diplomatique qui a pris le nom de *question des lieux saints*. La marche et les incidents de l'affaire témoignent assez qu'il s'agissait au fond de toute autre chose que de la jouissance plus ou moins complète, plus ou moins partagée de quelques oratoires de la Syrie, entre deux communions chrétiennes, d'ailleurs également tolérées, également protégées par le gouvernement du Grand Seigneur.

Vue de Constantinople.

CHAPITRE II.

LA MISSION DU PRINCE MENSCHIKOFF.

I.

Concessions faites à la France par le sultan. — Indignation de la Russie. — Duplicité de Menschikoff. — Il propose un traité secret à la Porte.

Si, dans ses querelles incessantes avec la Porte ottomane, la Russie n'eût été réellement animée que du sentiment religieux, si elle n'eût eu d'autre souci que de soustraire aux injustices d'une religion ennemie l'Église grecque, sœur et principe de l'Église moscovite, personne ne serait étonné de ses exigences. On aurait pu en critiquer les formes trop absolues, y réclamer des restrictions et des limites; on n'en aurait repoussé ni le fond ni le but. Il est même probable que l'Europe s'y serait associée au moins en partie, par sympathie d'origine et de culte pour un peuple opprimé qu'elle désire relever de la servitude. Les mêmes puissances qui ont proclamé chez elles et poursuivi chez les autres l'abolition de l'esclavage des noirs, ne sauraient vouloir tolérer, au XIXe siècle, l'asservissement prolongé d'une race blanche dans les États d'une autre puissance limitrophe. Mais on va voir que, sous l'apparence d'une question purement religieuse, de tout autres soins préoccupaient le cabinet de Saint-Pétersbourg.

Nous avons dit qu'à son retour de Paris, l'ambassadeur de France, tout en réservant les droits des Latins, avait singulièrement adouci, dans l'application, la portée des réparations obtenues avant son départ. En quoi consistaient ces réparations ? Les obsessions de la légation russe et les alarmes de la Porte les avaient réduites à deux : 1° On remettait aux religieux de la communion latine une des deux clefs de la grande porte de l'église à Bethléem ; 2° On leur permettait de célébrer leur culte au tombeau de la Vierge. La clef donnait aux catholiques non pas le droit de célébrer le service divin dans l'église, mais seulement le passage pour arriver à la grotte de la Nativité, voûte située sous l'Église, où les Latins ont deux sou-

Vue prise des Dardanelles.

terrains, la crèche et la grotte des Mages. Quant au tombeau de la Vierge, comme les Grecs paraissaient craindre que les catholiques ne s'en attribuassent la jouissance exclusive, il fut réglé, d'accord avec M. de Lavalette, que chacun des deux cultes aurait tour à tour le temps nécessaire pour accomplir ses cérémonies, après quoi le sanctuaire resterait ouvert aux autres sectes.

Tels étaient les importants priviléges que la Russie représentait dans ses notes diplomatiques comme arrachés par la menace ; ce sont ces concessions si justes, si faibles d'ailleurs et si différentes des immunités complètes accordées par les anciens traités, qu'elle taxait d'exorbitantes, et dans lesquelles elle affectait de voir le sacrifice entier de l'Église gréco-russe et la prédomi-

nance de l'influence française sur celle des autres puissances.

En réalité la France ne recherchait pas plus cette prédominance, qu'elle ne voulait prolonger une querelle qui serait devenue ridicule si elle n'eût présagé de plus graves différends. Fatiguée d'une lutte dont le terme reculait sans cesse, elle souffrit que les firmans obtenus en l'absence de M. de Lavalette fussent lus publiquement à Jérusalem, ce qui paraissait impliquer le *statu quo* réclamé avec tant d'arrogance par le tzar Nicolas, c'est-à-dire l'entière satisfaction des prétentions russes ; et pour en finir sur le chapitre des réserves qu'avait dû faire M. de Lavalette, comme aussi sur les points de détail qui, au dire du cabinet de Saint-Pétersbourg, restaient encore à régler, elle offrait spontanément de s'entendre sur cet objet avec le tzar lui-même pour un arrangement amiable et direct entre les deux pays.

Rien de plus convenable en effet ; car n'est-il pas étrange de fatiguer périodiquement le gouvernement turc de discussions ecclésiastiques qui lui sont parfaitement étrangères, et de s'obstiner à le prendre pour arbitre de litiges minutieux qu'il comprend à peine ? Mais c'est précisément à cet arbitrage que tient la Russie, parce qu'ayant l'habitude de peser subrepticement sur les décisions du juge, elle compte toujours les tourner à son profit, et en faire sortir, par captation ou par crainte, des solutions plus ou moins décisives dont elle sait ultérieurement tirer parti pour arriver à son but réel.

Aussi se garda-t-elle bien d'accepter la proposition de la France, quoique cette proposition fût approuvée des autres gouvernements. Elle prétendit que c'était à Constantinople que l'affaire devait finir ; et lorsque le débat semblait épuisé, lorsque la France même le déclarait clos par l'abandon de ses réclamations personnelles, la mission du prince Menschikoff vint lui donner tout à coup sa signification précise et ses vraies proportions.

Menschikoff, en effet, ne rappela plus que pour la forme la question *des lieux saints*. Il la regardait, disait-il, comme secondaire. Il parlait bien encore vaguement de certains griefs dont le tzar avait à se plaindre, de certaines réparations qu'il aurait à exiger ; mais quand on le pressait de s'expliquer, il se réfugiait dans des réponses évasives, dans des subterfuges peu dignes du caractère dont il était revêtu. Au fond, toute cette diplomatie cachait un dessein des plus profonds et des plus dangereux. Obligé d'aborder enfin le véritable objet de sa mission, Menschikoff le démasqua brusquement, dans toute sa crudité, en proposant à la Porte un traité secret sur lequel il exigeait d'ailleurs le silence le plus absolu à l'égard des ministres de France et d'Angleterre. Le premier article de ce traité, qui en contient toute la substance, était ainsi conçu :

« Dans le but désiré de faire cesser à jamais toutes les causes de dissensions, tous les doutes et tous les différends relativement aux immunités, aux droits et aux priviléges qui ont été assurés par les anciens empereurs ottomans aux habitants de la Moldavie, de la Valachie et de la Servie, qui, de même que les différentes autres nations chrétiennes dans l'empire turc, professent la religion gréco-russe ; on est convenu, par la présente convention, des conditions suivantes, savoir : la religion grecque sera toujours protégée dans toutes les églises ; les représentants de la cour impériale auront le droit, comme par le passé, de donner des ordres aux églises, tant à Constantinople que dans les autres endroits et villes, ainsi qu'aux ecclésiastiques, et comme ces conseils viennent de la part d'un gouvernement voisin et ami, ils seront bien accueillis. »

Ainsi c'était le protectorat que voulait la Russie, le protectorat direct sur les hommes et les choses de l'Église grecque, et cela dans tout l'empire, sans exception des provinces reconnues indépendantes par les précédents traités, en Moldavie, en Valachie, et jusque dans la Servie dont l'autonomie est aujourd'hui presque complète. Pour mieux apprécier la portée politique d'un tel acte, il est bon de voir quels en auraient été le fondement et les conséquences au point de vue purement religieux.

II.

Examen du traité. — Menschikoff. — Protectorat russe au point de vue religieux. — Rapports et différences entre l'Église gréco-russe et l'Église gréco-orientale. — Persécutions contre les catholiques.

Tout le monde sait que la religion nationale en Russie est celle de l'Église grecque d'Orient. Après la chute de Constantinople, les patriarches grecs, trop occupés de leur propre sûreté pour songer à leur ambition, lui permirent de se gouverner elle-même. En 1588, le patriarche de Constantinople vint sacrer à Moscou le métropolite Job, comme premier patriarche de la Russie, et lui conférer l'autorité suprême sur tous les fidèles de l'empire moscovite. La séparation se fit donc paisiblement et à l'amiable. Aussi l'Église russe ne diffère-t-elle de l'Église-mère que par certaines formes et nullement par le dogme. Ainsi le rituel russe est écrit dans l'ancienne langue slave, que presque personne ne comprend plus aujourd'hui, tandis que les cérémonies grecques se célèbrent dans le pur et harmonieux idiome de la Hellade que les Grecs modernes, malgré les différences de leur langage actuel, comprennent parfaitement.

La langue grecque étant d'ailleurs avec le latin un des deux idiomes originaires du christianisme, n'est point considérée par l'Église romaine comme une divergence constitutive du schisme oriental : il n'en est pas de même de l'idiome slavo-russe. A cela près, les deux Églises sœurs peuvent être regardées comme identiques. Il n'existe de différence réelle qu'en matière disciplinaire, et seulement depuis l'abolition de la dignité patriarcale de Moscou, réunie par Pierre le Grand à la dignité tzarienne. Mais cette différence est grave, et les conséquences qui en découlent dès à présent lui donnent tous les caractères d'une de ces innovations destinées à marquer de plus en plus profondément dans l'avenir la séparation des deux Églises.

Sous les prédécesseurs du tzar actuel les résultats de cette accumulation des pouvoirs spirituel et temporel dans les mêmes mains ont pu passer à peu près inaperçus. Ces souverains n'étaient pas naturellement persécuteurs. Assez peu jaloux de leurs prérogatives orthodoxes, Pierre Ier, Catherine la Grande, Paul Ier, Alexandre lui-même se bornaient à maintenir leur clergé dans la dépendance qu'exige un système de gouvernement essentiellement unitaire et despotique. Les choses ont changé de face sous le règne de Nicolas. Dès son avénement on put prévoir que l'âpre énergie de son caractère jointe aux rigueurs calculées de sa politique, ne tarderait pas à s'empreindre dans les actes de son administration religieuse. La révolution de Pologne, en 1831, lui en fournit l'occasion naturelle. A peine les Russes se furent-ils remis en possession de Varsovie, que les cachots se rouvrirent, les verges et le knout rentrèrent en fonction, les routes se couvrirent d'hommes enchaînés les uns aux autres, poussés par le bâton de l'employé russe, des rives de la Vistule aux solitudes de l'Oural, et les déserts de la Sibérie s'étonnèrent de la population nouvelle qui leur arrivait.

Quels étaient ces malheureux arrachés sanglants à leur sol natal pour aller périr de misère et de froid dans ces steppes inhospitalières ? Des Polonais, sans doute : mais non pas seulement des adversaires politiques, des guerriers saisis les armes à la main, hommes préparés à tous les genres de sacrifice exigés par leur noble cause. C'étaient aussi des femmes, des enfants en bas âge, des marchands inoffensifs, des paysans étrangers à la lutte, et surtout de pauvres prêtres appartenant à la communion catholique.

« Nous avons vu, dit un auteur anglais qui a long-temps résidé en Russie [1], des centaines d'hommes pieux, objet des respects et de la vénération de leurs paroisses, se traîner les fers aux pieds, la tête à moitié rasée, vêtus du grossier costume bicolore. Enchaînés deux à deux, ils poursuivaient leur fatigant voyage de la Sibérie, qui ne prend pas moins de deux années, et tombaient chaque jour expirants sur la route;... car la plupart portaient avec eux le germe d'une mort inévitable, leur corps ayant été affaiblis et leur constitution brisée par les cruelles injures du plitt.... Malgré leurs barbes effroyables et leurs habits de galériens, ils étaient reconnaissables, les uns à leur manière de chanter l'office latin, les autres aux marques de la tonsure, notamment à la petite place circulaire laissée à nu sur le sommet du chef en commémoration de la couronne d'épines du Christ.... »

La persécution religieuse marchait de front avec la persécution politique. Elle se continua comme elle sous prétexte que le clergé catholique refusait de se soumettre à l'ordre intimé par l'autocrate de ne plus communiquer avec le saint-siége qu'en faisant passer sa correspondance par les mains du gouvernement. Une telle mesure, dans un pays aussi hermétiquement fermé aux regards de l'Europe, laisserait les catholiques sans aucun recours contre les froides cruautés dont ils sont l'objet. Il leur était impossible d'y souscrire, et Nicolas ne l'ignorait point. Mais que lui importe? Son but n'est-il pas l'anéantissement de la Pologne, c'est-à-dire sa dépopulation et l'extirpation du rit romain, seule barrière qui sépare aujourd'hui les provinces polonaises de celles où végète le troupeau du peuple orthodoxe.

III.

L'Eglise grecque-unie. — Les religieuses fouettées. — Les juifs.

Ce n'est pas tout. Il existait en Pologne une Église schismatique aux yeux des Russes, l'Église grecque-unie ou ruthénienne, reste mutilé de la grande Église morave instituée au IXe siècle par le génie panslaviste de Cyrille et de Méthodius, ces deux apôtres conciliateurs, qui auraient peut-être sauvé la race slave du schisme de Photius, s'ils eussent été mieux compris [2]. Réduite à un petit nombre d'adeptes, la communion ruthénienne n'est plus de nos jours qu'une sorte de protestation paisible contre la séparation des deux rits grec et latin, ou, si l'on veut, une tentative sans espérance, mais respectable, pour leur future réunion. Cette inoffensive communion offusqua l'orthodoxie de Nicolas. Il prétendit, contre toutes données historiques, contre l'évidence même des dates, que l'Église ruthénienne n'était qu'un enfant révolté de l'Église russe; et comme la législation religieuse, telle que l'ont faite les tzars, ne tolère pas qu'aucun de leurs sujets se sépare de l'Eglise dite orthodoxe, les persécutions dirigées contre les catholiques romains furent étendues aux membres de l'union grecque. Enveloppés dans la même proscription, ils subissent les

mêmes tortures, et vont chaque jour, comme les Latins, peupler, c'est-à-dire joncher de leurs cadavres les solitudes sibériennes. On a vu des religieuses de cette communion arrachées de leur couvent par les sbires de Nicolas, et, chose monstrueuse! honte éternelle de cet homme, qui se pose si souvent comme le modèle des souverains! — FOUETTÉES en punition de leur attachement à la foi latine !!!

Enfin, il n'est pas jusqu'aux juifs que Nicolas n'ait trouvé moyen de tourmenter et de proscrire sous prétexte qu'ils entretenaient des relations suspectes avec la Pologne. Répandus dans un rayon voisin des frontières russo-polonaises, exclusivement livrés au commerce et repoussant, par esprit de lucre, tout ce qui peut les troubler dans leurs opérations mercantiles, ces malheureux s'étaient montrés plutôt hostiles que favorables au gouvernement insurrectionnel. On assure même qu'ils avaient plus d'une fois servi les Russes par l'espionnage à la faveur de leurs relations avec leurs coreligionnaires restés à Varsovie. Ils expièrent cruellement leur trahison. Un ukase leur ordonna de s'éloigner des frontières. Leurs villages furent livrés aux flammes, leurs propriétés confisquées ; ils durent errer, sans asile, au cœur de l'hiver, cherchant partout où poser leur tête, et chassés de district en district par les soldats qui les battaient et les dépouillaient.

Tous ces faits, qui soulèvent l'indignation, passent inaperçus ou promptement oubliés. Les tyrans ont besoin de silence. Nicolas a su faire le silence autour de lui. Sans les récits, trop souvent incomplets, de quelques voyageurs, le martyre de la Pologne s'accomplirait sans écho dans ce siècle d'égoïsme politique. L'atroce vengeance du tzar contre ce malheureux pays n'a trouvé longtemps parmi nous qu'une protestation stérile qui même a pris, de guerre lasse, le parti de se taire. Si le cri de souffrance des Grecs-unis a pu franchir un instant les régions désolées où l'autocrate espérait l'ensevelir, il est venu expirer à Rome aux pieds d'un vieillard, et les supplications du chef vénéré de la chrétienté catholique n'ont pu fléchir les rigueurs de Nicolas ni le détourner de son but.

IV.

Abaissement du clergé russe. — Organisation et priviléges de l'Eglise grecque en Turquie.

Ces actes sauvages de l'autocrate n'ont pas relevé le caractère du clergé russe. Ils sont loin assurément d'avoir son approbation. L'Eglise orthodoxe n'est point persécutrice pour elle-même. Le sang du martyre n'a pas souillé les mains des métropolites de Moscou, au temps de leur pleine puissance ecclésiastique. On peut même dire que le clergé russe voit avec peine la marche adoptée par Nicolas, car il n'ignore point que les persécutions religieuses agissent presque toujours en raison inverse du but qu'elles se proposent. Cependant ces persécutions se développent et se perpétuent sans qu'aucune parole de mansuétude se fasse entendre à l'oreille du tzar, sans que la moindre représentation cherche à l'attendrir, ou du moins à l'éclairer sur son propre intérêt, qui serait aussi celui de l'Église nationale.

Tel est l'asservissement actuel du clergé russe que pas un de ses membres n'oserait protester, même timide-

1. *Révélations sur la Russie*, t. II, ch. XI.
2. Cyprien Robert, *Le monde slave*, t. II, 3e tableau.

ment, contre les volontés de l'autocrate. Ils croiraient commettre un crime s'ils élevaient la voix autrement que pour l'approuver, et il n'est pas sûr, en effet, qu'ils ne fussent pas traités comme criminels s'ils s'en avisaient.

Rien n'égale le mépris de Nicolas pour ces malheureux qu'il a réduits à l'état d'automates. Le bas clergé, les popes, le méritent peut-être, ce mépris, par leur abrutissement. Ignorants, livrés à la gourmandise, à l'ivrognerie, à l'avarice, ils n'ont du prêtre que l'apparence. Leur haute stature, leur longue barbe, leur maintien vénérable, n'est presque partout que le masque du vice et de la dégradation. Esclaves du pouvoir omnipotent des tzars, ils ne se montrent pas moins serviles et rampants en face des seigneurs, dont ils reçoivent leur salaire, ou plutôt l'aumône que ceux-ci sont obligés de leur accorder.

Plus éclairé, plus instruit, et généralement bien intentionné, le haut clergé n'est guère moins méprisable à cause de sa lâcheté. Dans ses chaires vides de liberté, vous chercheriez vainement l'orateur chrétien, enseignant du haut de son sacerdoce la justice de Dieu, prêchant aux peuples la morale et aux rois la vérité. Ce corps, autrefois puissant, s'est soumis avec une inconcevable docilité aux fantaisies du despotisme impérial. Brisé par l'inflexible volonté de Pierre le Grand, il n'a su que flatter la main qui le châtie, se précipitant au-devant du joug et courbant lui-même les reins sous le pied de l'autocrate.

Là où n'existe point d'indépendance existe-t-il réellement une Église? Tout ce que nous pouvons dire, c'est que l'Église moscovite n'offre plus guère aujourd'hui que l'aspect d'un troupeau d'esclaves tremblant au moindre signe du tzar, et dont l'office semble être bien plutôt la perpétuelle glorification du souverain que l'adoration d'un être suprême. Tout se fait au nom de Nicolas dans l'Église comme dans l'administration laïque. L'empereur commande; le saint synode, institué par Pierre et dont les directions devaient remplacer celle du patriarche de Moscou, reçoit les ordres qu'on lui signifie, et les enregistre sous l'œil d'un général de cavalerie, procureur du tzar, qui se charge d'en assurer l'exécution. Pour comble d'abaissement, ces ordres, devenus lois, sont promulgués au nom de Dieu et de l'autocrate, son élu, son vicaire, son délégué dans ce monde!

Le clergé grec, il faut l'avouer, a su se maintenir, sous la domination ottomane, dans de tout autres conditions de dignité morale et d'indépendance politique.

Retrempée par le malheur, l'Église d'Orient a souvent donné, depuis la chute de l'empire byzantin, d'éclatants exemples d'abnégation, de constance, de vertu vraiment chrétienne. Rivale de l'Église romaine, mais ennemie du prosélytisme, sa robe est pure de toute persécution religieuse. Plus d'une fois elle a versé son sang pour la cause du Christ, jamais elle n'a fait couler le sang des autres communions ou des sectes dissidentes.

Les couvents grecs en Turquie aussi bien que les temples du clergé même, sont le dépôt des sciences et des lumières orientales. L'Occident est venu fréquemment y rallumer son flambeau, et de nos jours encore ce n'est pas sans fruit que de savants investigateurs ont été consulter ces vieilles archives de la chrétienté.

L'instruction répandue dans tous les rangs de la hiérarchie cléricale, descend de là parmi les fidèles, chez qui elle entretient avec la ferveur de la foi les bienfaits d'une éducation tout à fait inconnue aux tristes ouailles du clergé russe. Autant celui-ci est bas placé dans l'esprit des peuples et des gouvernants, autant le clergé grec est estimé, vénéré des populations soumises à sa juridiction.

Et cette juridiction n'est pas un vain titre, comme on pourrait le croire. C'est un ensemble d'immunités et de priviléges réels dont la nation conquérante ne conteste plus depuis longtemps la légitimité ni la plénitude.

Le patriarche de Constantinople est le chef de la *nation* grecque. Il préside le synode et juge souverainement toutes les causes civiles et religieuses. Lui et les douze métropolitains qui forment, sous sa présidence, le synode ou grand conseil de la *nation* sont exempts du *haratch*, ou taxe personnelle imposée par les vainqueurs au peuple vaincu.

Les archevêques et les évêques sont de droit membres des conseils municipaux, au même titre que les gouverneurs et les muftis.

Le patriarche et les évêques président, dans l'intérêt de la nation grecque, à la répartition des impôts.

Tous les cadis, tous les gouverneurs sont obligés d'assurer l'exécution des sentences judiciaires du patriarche concernant les chrétiens du rit grec. Ils sont également tenus de faire exécuter les sentences des évêques concernant leurs diocésains. Ils doivent aussi prêter main-forte au clergé grec pour la perception des

Le sultan Abdul-Medjid.

taxes qui lui sont dues et pour le recouvrement de ses revenus[1].

Le clergé reçoit de chaque famille une rétribution annuelle pour l'entretien du culte. Cette rétribution, jointe aux droits qu'il prélève sur les actes de mariage et de divorce, sur les testaments, sur les litiges dont il a le jugement, et enfin sur toutes les affaires de sa compétence, forme la liste civile de l'Eglise orientale. De plus les trois patriarches de Jérusalem, d'Antioche et d'Alexandrie reçoivent, sur le montant des contributions publiques, des honoraires considérables.

Sans doute un tel mode de rémunération a ses inconvénients, et les budgets établis de la sorte s'accorderaient mal avec nos idées européennes en matière de finances. Mais ils sont conformes aux habitudes, aux usages de l'Orient, et, dans la situation donnée de la conquête ottomane vis-à-vis des populations soumises ou tributaires, cette organisation, si défectueuse à nos yeux, était peut-être le seul moyen de conserver à l'Eglise chrétienne son indépendance et sa dignité.

Ajoutons que dans les temps d'adversité, cette indépendance du prêtre grec a pu l'élever jusqu'à l'héroïsme. Personne n'a oublié le martyre du vénérable patriarche Grégoire, assassiné en 1821 à Constantinople, au milieu des scènes affreuses dont Mahmoud II a souillé son règne, à d'autres égards si remarquable. Et l'on sait aussi que, dans la guerre de l'indépendance hellénique, c'est le clergé du Péloponèse, l'évêque Germanos à sa tête, qui le premier leva l'étendard de la liberté, appela le peuple à la régénération par le baptême des armes, et finit par assurer l'affranchissement et le triomphe de la croix.

Nicolas Ier, empereur de Russie.

Quel secours le protectorat moscovite apporterait-il à de tels hommes ? Quel bien, quelle amélioration réelle en résulterait-il pour l'Eglise grecque et pour les fidèles qu'elle a jusqu'à présent dirigés dans des voies si différentes de celles où se traînent les régiments de moines et de popes disciplinés par le tzar à l'instar des kosaks de sa garde ? Assurément il ne pourrait en résulter que du mal ; et l'Eglise grecque en a bien le pressentiment. Car si dans ses démêlés avec les autres communions chrétiennes, en Palestine, elle a eu le tort d'invoquer parfois l'appui de l'autocrate, jamais elle ne l'a recherché ni désiré pour ses affaires intérieures avec le Divan. Bien loin de là : telles ont été ses secrètes appréhensions à ce sujet lorsque les véritables prétentions de la Russie se sont révélées par la mission de Menschikoff, qu'on a vu l'Eglise entière, par l'organe de ses plus hauts dignitaires, s'empresser de rassurer le sultan sur ses sentiments de soumission et de fidélité, et séparer hautement sa cause de celle du tzar.

Le protectorat russe, au point de vue religieux, manquerait donc entièrement de base ; il n'aurait même pas sa raison morale dans l'assentiment du peuple en faveur duquel il prétend s'imposer. Nous croyons superflu d'examiner s'il se justifierait mieux au point de vue politique : il est évident qu'il attente profondément à l'indépendance et à la souveraineté du sultan. L'Europe devait le repousser.

V.

Portée réelle des propositions de la Russie. — Elles sont rejetées. — Echec et départ du prince Menschikoff.

Il faudrait plaindre les chrétiens orientaux s'ils en étaient réduits à vivre sous la tutelle moscovite. Ce qui fait la force et la dignité de l'Eglise orientale, ce qui favorise son développement sympathique et ses progrès, c'est, comme le remarque judicieusement M. de Ficquelmont[1], la séparation qui s'est établie naturellement, sous le gouvernement turc, entre les deux pouvoirs spirituel et temporel. L'action moralisante de cette séparation ressemble beaucoup à celle qu'exerce dans les pays d'institutions parlementaires le jeu séparé des pouvoirs exécutif et législatif. Elle élève le niveau des idées, accoutume la nation à croire en elle-même, et prépare son émancipation définitive pour l'époque où la Providence aura sonné la dernière heure du despotisme ou de la conquête.

La confusion du double pouvoir dans une seule main, celle de l'autocrate, est précisément ce qui fait aujourd'hui le malheur du peuple russe. Les charmes de l'autocratie ont pu séduire un moment Pierre Ier : il n'était pas assez éclairé pour en apercevoir dans l'avenir les funestes conséquences. Ses successeurs, exclusivement occupés des satisfactions brutales de leur ambition, ne soupçonnent pas plus le côté moral de la question qu'ils n'ont conscience de la responsabilité

---

1. *La Russie contemporaine*, par Léouzon Le Duc, p. 239. — Paris, Hachette et Cie, 1854.

1. *Le côté religieux de la question d'Orient*, par le comte de Ficquelmont. — Paris, Amyot, 1854.

qu'ils assument. Si leur système de gouvernement se réalisait à Constantinople, c'en serait fait de l'Église orientale et des populations dont elle est la sauvegarde et l'espoir. Sous le sceptre de plomb des autocrates, laïques et clercs retomberaient vite au niveau du peuple russe, c'est-à-dire dans les bas-fonds de la barbarie.

Heureusement le projet de traité secret, si laborieusement préparé à Saint-Pétersbourg, ne tarda pas à être connu des deux légations française et britannique. Divulgué aussitôt à leurs gouvernements aussi bien qu'aux principaux dignitaires de l'Église grecque, il vint éclairer les uns et les autres d'un jour sinistre, et dessiller les yeux aux plus incrédules.

L'effet en fut terrible et soudain. Personne ne pouvait plus se méprendre sur la portée des demandes de la Russie. Leurs conséquences politiques et religieuses parurent également frappantes. Ce qu'exigéait Nicolas, ce n'est rien moins que la vassalité du sultan. Et comme pour dissiper jusqu'au moindre doute à cet égard, il a eu soin de lui offrir, dans une lettre autographe habilement présentée au peuple comme un ordre adressé de Saint-Pétersbourg par le tout-puissant empereur orthodoxe à son lieutenant Abdul-Medjid, l'appui matériel de 400 000 Russes. 400 000 baïonnettes se promenant, au premier signal de Nicolas, du Pruth aux Dardanelles, occupant, cela va sans dire, les places fortes du Danube, les passes du Balkan et les avenues du sérail! Quel appui désintéressé pour les Turcs! quelle garantie de sécurité pour les rahjas, qui s'en trouvent si bien aujourd'hui dans les principautés danubiennes! quel heureux voisinage pour l'Europe, qui a le mauvais goût de s'en offenser!

Inutile d'ajouter qu'appuyée sur la France et l'Angleterre, la Porte s'empressa de refuser les offres et les demandes de son magnanime allié. Vainement Menschikoff s'efforça-t-il de regagner le terrain perdu en proposant, au lieu du traité secret, un simple *sened* ou convention qui offrirait, disait-il, *des garanties solides et inviolables pour l'avenir, dans l'intérêt de l'Église orthodoxe d'Orient.*

La substitution *d'une convention* à *un traité* sembla plus subtile que sérieuse, lorsque d'ailleurs la teneur des deux actes ne différait pas essentiellement. Repoussé de nouveau sur ce chef, Menschikoff finit par présenter, le 11 mai, un ultimatum, qu'il prolongea jusqu'au 14, mais dont les termes n'en parurent pas plus acceptables. Alors il fit ses préparatifs de départ, et s'éloigna définitivement, le 21, avec toute la légation russe, après avoir fulminé une dernière protestation contre le projet du Divan de consacrer par une nouvelle proclamation les immunités de l'Église grecque, ce qui tendrait, disait-il, à invalider les autres droits reconnus, depuis les temps anciens, au culte orthodoxe, et serait considéré par le cabinet impérial comme un acte hostile à la Russie et à *sa religion.*

Cette protestation, qui ne se conçoit bien qu'après une étude approfondie et pour ainsi dire grammaticale du projet de traité ci-dessus rappelé, terminait toute négociation directe entre les deux souverains. C'était un échec pour l'ambassade solennelle de la Russie. Mais cet échec, immédiatement suivi d'une rupture diplomatique, annonçait la guerre, et l'on va voir qu'elle était depuis longtemps inévitable.

CHAPITRE III.

L'ÉCHEC DE LA RUSSIE.

I.

Pourquoi la mission du prince Menschikoff n'a pas réussi. — Portrait de ce diplomate.

Ce n'est pas assurément parce que Menschikoff se rattache, par ses idées et par ses passions, à cette coterie de la cour tzarienne qu'on nomme *vieux Russes*, hommes d'ambition et de conquête, dont il partage, dit-on, les préjugés et les secrètes aspirations; ce n'est pas pour cela que la guerre devait nécessairement sortir de son ambassade.

L'autocrate peut bien, en apparence et selon les besoins de sa politique, confondre plus ou moins ses actes avec les vues ou les désirs de tels ou tels de ses courtisans; mais il est loin de leur subordonner ses déterminations. Les Russes, quels qu'ils soient, faibles ou puissants, chamarrés de croix ou vêtus de bure, ne sont jamais pour Nicolas que des instruments. Il pense pour eux; leur rôle est de marcher sous la main qui les pousse.

Une des hallucinations de Nicolas, c'est de se croire préposé à l'accomplissement de ce qu'il nomme les *destinées de la Russie.* Pour réaliser ce rêve de toute sa vie,

rien ne lui coûte: soins, travaux, sacrifices d'hommes et d'argent, ruses, fourberies, dégradation de son propre caractère par le mensonge, il a tout employé, tout mis en œuvre avec une audace, avec une persévérance infernales.

Déjà, le testament de Pierre à la main, il est parvenu à ruer les Russes sur la Pologne et la Hongrie, ce qui lui a valu, jusqu'à ces derniers temps, la subordination de la Prusse et la domination d'une partie de l'Occident. Restait le second acte du drame, l'absorption de la Turquie et sa propre ascension au trône des sultans. Il a cru le moment arrivé, et il a détaché Menschikoff vers Constantinople.

Il fallait au tzar un homme de résolution et d'orgueil, assez identifié à ses volontés actuelles pour s'en faire l'exécuteur à tout prix et même pour les devancer, selon le cas. C'est ce qui rendait significative la mission de Menschikoff; on va voir en effet que jamais choix diplomatique ne fut mieux approprié à cette politique, qui participe à la fois de Machiavel et du tranche-montagne.

Nous avons tracé, dans un autre ouvrage[1] la physionomie de cet homme, devenu déplorablement historique, et nous avons esquissé les principales phases de sa carrière administrative et militaire. Nous emprunterons aujourd'hui son portrait à un recueil où nous sommes heureux d'avoir retrouvé souvent plusieurs de nos idées et de nos travaux sur la Russie[2].

« Les hommes qui paraissent appelés à jouer les principaux rôles dans la question d'Orient, dit M. Edmond Texier, sont vieux pour la plupart; ils ont atteint cette dernière saison de la vie où il semble qu'on n'ait plus guère à se préoccuper des soins de la politique d'ici-bas.

« Le prince Menschikoff est âgé aujourd'hui de 70 ans.

« Il est ministre de la marine russe et joint à ce titre une foule d'autres distinctions que nous aurons occasion d'énumérer plus tard, et qui le placent en première ligne parmi les personnages les plus importants de l'empire moscovite.

« Il porte, comme chacun sait, un nom historique. Il descend directement du célèbre Danilowitch Menschikoff, qui eut une si grande part dans les faveurs de Pierre le Grand.

. . . .

« Le prince Menschikoff actuel appartient, par la tournure de ses idées et son genre d'esprit, à cette portion de l'aristocratie russe, aussi russe que possible, qui aspire, du moins en apparence, après certains progrès, certaines réformes introduites tout entières au profit et au maintien de sa caste bien entendu.

« Les vagues aspirations de cette classe de nobles que l'on ose à peine appeler un parti, au milieu de la masse compacte des institutions russes, seraient de se rapprocher de la haute aristocratie anglaise, dont elle affecte de vanter souvent les allures indépendantes et l'esprit libéral.

« Il y aurait donc, entre cette classe de nobles et la couronne, une scission légère qui consisterait à demander de l'autorité souveraine un peu de relâchement dans la chaîne impérieuse qui serre indistinctement tous les sujets autour du trône.

« Qui sait? On arriverait peut-être infailliblement à la formation d'une chambre de hauts boyards, qui, sans s'élever précisément jusqu'aux droits d'enregistrement d'ukases ni même d'humbles remontrances, discuterait du moins et pourrait, dans certains cas, avoir accès à titre d'avis dans les conseils de la couronne.

« Le prince Menschikoff appartient à ce qu'on est convenu à la cour de Russie d'appeler *le parti anglais.*

« Est-il de bonne foi dans ses inclinations, qui représentent dans l'esprit du souverain plutôt une sorte de jeu et de coquetterie de courtisan, qu'une opposition véritable? C'est ce dont il est permis de douter lorsqu'on remarque le rang de haute confiance où Menschikoff s'est maintenu constamment, surtout lorsqu'on note que ses affinités apparentes sur certains points des institutions anglaises sont devenues, tout récemment, un instrument

entre les mains de Nicolas, comme nous le verrons plus tard au sujet de l'ambassade de Constantinople.

« D'ailleurs, le métier de courtisan ne consiste pas toujours à fléchir incessamment comme le roseau, sans réplique ni résistance, sous la loi du maître.

« Cet art demande à être assaisonné parfois d'une certaine dose de contradiction que l'habileté suprême de l'homme est seule à même de déterminer.

« Le despote le plus absolu, le plus entier dans ses habitudes, veut encore qu'on le flatte avec un certain degré de tact et d'adresse. Il aime qu'on n'ait l'air de ne lui céder le terrain que pied à pied, qu'il puisse se dire, à la rigueur, qu'il a eu affaire à un esprit d'indépendance et de fermeté dont il est venu à bout, bien moins par la supériorité du rang que par la prépondérance de l'intelligence et des lumières.

« Le prince Menschikoff excelle dans ce rôle à deux faces, qui est si bien, du reste, dans les lois et les traditions du favoritisme russe.

. . . .
. . . .

« Vous vous souvenez de ce vieux roi du Latium, plus connu encore dans la Mythologie que dans l'histoire, ce Janus que l'imagination antique s'est plu à représenter avec deux masques réunis sous un même crâne, deux figures sur lesquelles se peignent les traits opposés du présent et de l'avenir.

« Lorsqu'on voudra montrer un jour sous son aspect le plus complet et le plus fidèle la figure symbolique du prince Menschikoff prise dans le cadre de son ambassade de Turquie, on n'aura rien de mieux à faire que d'emprunter la tête même de Janus, que de supposer que cette tête complexe a dû pousser instantanément sur les épaules du diplomate, par la force même et l'essence de sa mission.

II.

Biographie du prince Menschikoff. — Disgracié sous Alexandre, en faveur sous Nicolas. — Honneurs et dignités.

. . . .

« C'est à l'université de Dresde qu'Alexandre Menschikoff a été élevé. On le vit de bonne heure se meubler l'esprit de tous les axiomes et des formules répandus dans les recueils de chancelleries, éléments futurs de notes et mémorandum, et qui représentent cette science si élastique et si vague que l'on est convenu d'appeler le *Droit public.*

« A son retour en Russie, il fut nommé gentilhomme de la chambre, et fut bientôt attaché à l'ambassade de Berlin, où il eut occasion d'appliquer dans la pratique les connaissances qu'il avait recueillies dans les universités allemandes.

« Cependant il avait trop d'instincts d'ambition et une connaissance trop approfondie de son pays, pour ne pas sentir que la carrière de l'armée était une voie bien plus prompte et plus certaine que la diplomatie vers celle des honneurs.

« Il entra donc au service en 1809, avec le grade de sous-lieutenant dans l'artillerie de la garde.

« Il prit part aux grandes campagnes de 1813, 1814, 1815. On ne voit pas qu'il ait eu l'heureuse chance de rencontrer sur son chemin un de ces actes d'éclat et de

1. *La question russe*, par L. Léouzon Le Duc. — Paris, Hachette et Cie, 1853.
2. *Les hommes de la guerre d'Orient*, MENSCHIKOFF, par Edmond Texier. — Paris, Alph. Taride, 1854.

bravoure, si fréquents alors, qui poussaient les hommes rapidement et faisaient sortir tant de noms des rangs obscurs de l'armée.

« Quand la paix fut conclue, il fut nommé chef du bureau central de l'état-major de l'empereur. Il suivit son souverain en cette qualité, à tous les congrès, qu'il a pu étudier attentivement dans leurs détails et presque dans leurs moindres replis.

« Il fut loin, malgré le poste qu'il occupait, d'être bien placé dans l'esprit de l'empereur Alexandre, qui ne cessa jamais d'éprouver pour lui de la froideur et même un éloignement réel.

« Il était même tombé dans une sorte de disgrâce qui ne cessa que lorsque Nicolas monta sur le trône. La défaveur dont on s'est vu l'objet sous le règne précédent devient souvent un titre à la confiance de celui qui succède.

« Nicolas ne tarda pas à accorder à Menschikoff les témoignages avant-coureurs de la haute faveur dont il devait jouir.

« Le nouveau tzar commença par lui confier une mission en Perse, qui représentait déjà une de ces ambassades à deux faces, où nous devons le rencontrer plus tard sur un plus vaste théâtre, et dans des temps beaucoup plus rapprochés du nôtre.

Soldats irréguliers russes.

« On a fait un certain bruit de l'ambassade du prince Menschikoff en Perse. On a essayé de faire sonner très-haut les dangers qu'il a courus et qui devaient jeter sur sa personne et cette partie de sa vie un vernis d'héroïsme et de grandeur.

« Si l'on consulte les faits eux-mêmes, on voit qu'il y eut, au résumé, dans tout le cours de cette affaire, beaucoup plus de bruit que de mal, que jamais les jours du négociateur n'ont été mis sérieusement en danger, et que, dans tous les cas, s'il a couru quelques risques, il le doit en grande partie à la nature même de la mission dont il s'était chargé.

« Le but apparent de l'ambassade était l'annonce au schah de Perse de l'avénement de l'empereur Nicolas ; le

but réel était la fixation des frontières entre la Russie et la Perse, et la revendication d'un territoire contesté qui se trouvait situé entre les deux empires.

« Les deux puissances n'ayant pu parvenir à s'entendre sur le point en litige, les négociations durent être suspendues, et l'ambassade put être considérée comme terminée.

« Ce fut en passant à Tauris pour retourner à Tiflis, que le prince Menschikoff vit, dit-on, ses courriers arrêtés, ses dépêches saisies, qu'il fut lui-même retenu prisonnier pendant vingt-cinq jours.

« Il dut son élargissement à l'intervention de l'envoyé d'Angleterre, qui adressa de très-vives représentations aux ministres de Feth-Ali-Schah.

« On expédia aussitôt au soudan d'Érivan un firman royal par lequel il lui était ordonné de mettre immédiatement en liberté l'ambassadeur russe et tous les gens de sa suite.

« Certes, nous ne voulons pas nier ni même atténuer la gravité de pareils faits ; mais on a lieu d'être surpris que la Russie n'ait pas fait entrer en ligne de compte, dans ses griefs contre la Perse, qu'elle s'apprêtait à attaquer avec tout le poids des forces de son armée, le mauvais traitement infligé à son ambassadeur.

« Était-ce donc qu'on avait reconnu dans l'exposé des faits une certaine exagération, ou bien redoutait-on d'éclaircir le fond même de la mission du prince Menschikoff, que l'on préférait laisser ensevelie dans une sorte d'ombre et de mystère ?

« On conçoit que ce sont là des secrets politiques que chacun interprète un peu comme il lui convient, et sur lesquels il est difficile d'avoir une opinion bien arrêtée.

« Quoi qu'il en soit, qu'il nous suffise d'établir, pour la réalité des faits, que le prince Menschikoff a couru dans son ambassade de Perse des dangers beaucoup plus apparents que réels, qu'il a pu quitter paisiblement le territoire ennemi et rentrer sain et sauf en Russie, où

Camp turc

l'attendait une part si riche dans les grâces et les libéralités de son souverain.

« Pour terminer ce qui a rapport à ce qu'on peut appeler la carrière militaire du prince Menschikoff, il faut bien que nous rappelions le fameux boulet qui s'attaqua à lui au siége de Warna, et lui laissa, pour le reste de sa vie, une légère hésitation dans la démarche, qui ne laisse pas, du reste, d'avoir, dit-on, un certain caractère de majesté et de grâce.

« Les boulets, dans leur essor, ne sont pas toujours impitoyables.

« S'il est vrai qu'ils choisissent quelquefois d'illustres victimes, et frappent en pleine poitrine des hommes tels que Turenne, ils savent parfois voler plus humblement et se montrer plus cléments à l'endroit d'autres personnages.

« Le prince Menschikoff eut donc l'insigne bonheur de voir passer entre ses jambes le boulet de canon qui eut sans doute tranché le fil d'une destinée moins privilégiée que la sienne. »

. . . .

. . . .

Elle est privilégiée en effet, cette destinée, et il est certain que sous le rapport des satisfactions de l'orgueil et des faveurs humaines, peu de carrières ont égalé celle du petit-fils du pâtissier de Moscou.

On a donné souvent la liste des titres et dignités qui sont venus trouver ce favori de la fortune. En voici le catalogue complet ; nous l'empruntons à l'armorial général de la Finlande :

Prince de l'empire ;

Aide de camp général ;

Amiral , chef d'état-major de la marine ;

Membre du conseil de l'empire ;

Chef de l'ancien régiment de l'Ingrie ;

Commandant des troupes de Finlande ;

Chevalier de l'ordre impérial de Saint-André avec les insignes en diamants ;

De l'ordre de Saint-Alexandre Newski, également en diamants ;

De Saint-Wladimir, 1re classe ;

De Sainte-Anne, 1re classe, en diamants ;

De Saint-Georges, 3e classe ;

De Saint-Stanislas, 1re classe ;

Des ordres prussiens de l'Aigle Noir, de l'Aigle Rouge, 1re classe, en diamants, et de l'ordre pour le Mérite ;

De l'ordre impérial d'Autriche de Saint-Léopold, 1re classe ;

De l'ordre suédois des Séraphins ;

Commandeur grand'croix de l'ordre de l'Épée, 1re classe ;

Chevalier de l'ordre royal de Saint-Louis en France ;

De celui de Saint-Hubert de Bavière ;

De l'ordre royal grec de Saint-Sauveur, 1re classe ;

Grand'croix des ordres de Saint-Maurice et de Saint-Lazare de Sardaigne ;

Chevalier de l'ordre du Lion de Bade, 1re classe ;

De l'ordre militaire de Hesse-Cassel, portant l'épée d'or avec cette inscription : *Pour bravoure*, ainsi que les médailles frappées à l'occasion des campagnes de 1812 et 1814, et de celles de Perse et de Turquie.

« Lorsque l'on compare les actions de cet homme avec le rang qu'il occupe et les nombreuses dignités dont il est revêtu, on ne peut, dit M. Edmond Texier[1], s'empêcher de remarquer le hasard qui semble présider à la distribution des faveurs humaines.

« A quel siége, après tout, à quelle victoire le prince Menschikoff a-t-il attaché son nom ?

« Est-ce donc à cette seule cicatrice toute fortuite du siége de Warna qu'il doit d'avoir reçu de main souveraine une épée d'or avec cette inscription : *Pour bravoure !*

« On est forcé de le reconnaître, il doit en grande partie son avancement prodigieux à ce maniement supérieur du grand instrument du favoritisme, qui est vraiment l'arme par excellence dans les cours absolues, surtout quand il tombe dans des mains exercées.

« Cet homme a tout obtenu de son maître, parce qu'il a possédé cet art suprême de ne jamais lui déplaire en rien, de devancer toutes ses vues, ses pensées, de ne pas broncher d'un pas dans toute cette longue carrière de cour, semée pour tant d'autres d'un si grand nombre de vicissitudes et d'écueils....

« Il a été l'homme de cour par excellence.

« Ce rôle, envisagé d'un certain côté, prend vraiment des proportions presque imposantes et surnaturelles par la constance et l'inaltérable servilisme de celui qui le remplit.

« Cependant il devait venir un moment où un tel homme trouverait à exercer son génie dans un autre cadre que celui des génuflexions de palais.

« Il avait trop bien et l'oreille et la pensée secrète de

1. *Hommes de la guerre d'Orient*, MENSCHIKOFF. — Paris, Taride.

Nicolas pour ne pas avoir à le représenter dans une de ces occasions importantes où l'autocrate, démasquant enfin ses grands desseins, aurait à mettre en œuvre le zèle de ses plus intimes créatures....

« A la fin de sa carrière, quand il semblait qu'il n'avait plus qu'à descendre paisiblement dans le tombeau, avec sa collection si riche de titres et d'honneurs, le prince Menschikoff s'est vu appelé à aller jouer cette tragi-comédie qu'on a nommée l'ambassade de Constantinople.

« Menschikoff est un homme d'une stature moyenne, qui porte bien ses soixante-dix ans, sans trop d'affaissement ni de lourdeur.

« Sa physionomie est anguleuse et sèche, conforme au caractère du personnage, son œil inquiet et mobile, son front élevé, découvert, mais sans aucun des grands traits de l'intelligence.

« Il a ce qu'on est convenu encore d'appeler en Russie un grand air de cour, c'est-à-dire une attitude pleine de roideur et de morgue, le sentiment intérieur de son importance marqué dans tous ses mouvements et les moindres habitudes de sa vie.

III.

Emplois et richesses du prince Menschikoff. — Manière d'augmenter une grande fortune. — Offrande patriotique des Finlandais.

« Menschikoff passe pour posséder une des premières fortunes de la Russie. L'étendue de terrain qu'il possède compose un fief des plus considérables.

« Du reste, il a la réputation d'être un administrateur strict et même un peu sordide de ses immenses revenus. Il n'est pas de ceux qui jettent leurs biens au vent et sèment partout, à défaut d'autres vertus, les traces de leurs libéralités fastueuses. L'épargne habite dans son cœur, l'épargne, qui se plaît à centupler les biens qu'elle possède, et compte ses jours par les grains d'or qu'elle ajoute aux trésors amassés.

« Il éprouve, par un motif que l'on devine, un instinct d'éloignement profond pour tous les étrangers. Les Français occupent naturellement le premier rang dans son aversion.

« Il s'est vanté plus d'une fois de n'avoir jamais vu le ministre de France, et lui ferme, par une règle à peu près invariable, l'entrée de ses salons. Ce trait peut être mis, si l'on veut, sur le compte de la bizarrerie d'humeur dont le prince Menschikoff s'est toujours plu à faire parade.

« On retrouve en lui ce caractère distinctif du vieux courtisan qui prend sa revanche sur ses inférieurs des hauteurs et des caprices que, par une conséquence de sa situation, il a eu souvent à subir de la part du maître.

« Le prince Menschikoff est gouverneur général de la Finlande, et est très-loin de se croire obligé pour cela à aucun sentiment de bonne grâce ou même de simple courtoisie à l'égard des habitants de cette province.

« Plus d'une fois des Finlandais de haute distinction sont arrivés à Saint-Pétersbourg avec l'espoir d'être admis auprès du prince, et n'ont pas même obtenu la faveur d'une audience.

« Ils ont été obligés de s'en retourner dans leur pays sans avoir pu dépasser les limites de l'antichambre, où ils risquaient de se trouver confondus avec la livrée. »

Aussi le gouverneur général de la Finlande est-il loin d'être populaire parmi ses administrés. Il y a dix ans, un de ces rares Finlandais qui se font les courtisans de la Russie pour obtenir des places et des dignités, M. H...., chef du département des finances dans le sénat, mit en avant l'idée d'offrir à Menschikoff une récompense nationale. Cette idée, cela va sans dire, fut immédiatement adoptée. On jeta les yeux sur la terre d'Anjala dans le gouvernement de Viborg. Mais son propriétaire, le comte Creutz, vrai patriote finlandais, n'était pas homme à tremper personnellement dans le complot. On fut obligé de simuler une double vente. La propriété fut achetée par M. X....., aide de camp de Menschikoff, puis revendue par lui au sénat, *qui l'offrit au prince au nom du pays.* Grâce à cette ingénieuse manœuvre, l'énorme fortune de Menschikoff s'augmenta d'un des plus beaux domaines de la Finlande, et M. H.... obtint une des premières décorations de l'empire *pour services rendus à la patrie.*

IV.

Suite du portrait. — Résultat inattendu de la mission de Menschikoff à Constantinople.

« Le prince Menschikoff se montre, dans l'intimité, presque toujours brusque, impérieux, plein d'étrangetés et de boutades. On sent l'homme habitué à plier sous un joug supérieur et qui se délasse, par tous les moyens que sa fantaisie lui suggère, de la contrainte qu'il a été, pendant toute sa vie, condamné à subir.

« On a parlé souvent de l'esprit du prince Menschikoff, dont les reparties ont une certaine célébrité à la cour de l'empereur Nicolas.

« Il est difficile, sans doute, que des saillies et des épigrammes parties d'une bouche si puissante n'obtiennent pas une réussite complète. On y sent toujours plus ou moins la pointe officielle.

« Quand Menschikoff fait de l'esprit, c'est l'empire russe lui-même qui rit et plaisante.

« Quant au mot même d'*esprit*, avec les idées d'indépendance et d'imprévu que nous sommes habitués à y attacher, nous autres habitants de l'Occident, nous avons de la peine à nous figurer quelles peuvent être sa forme et son essence à la cour du tzar

« Quelle sorte d'esprit peut-on faire, après tout, dans un pays où il n'est permis ni de penser ni souvent même de parler ? Sous quelle influence, dans quel genre de serre chaude peut-il se produire ?

« N'est-il pas, comme tout ce qui tient à la civilisation de la Russie, une chose toute de réminiscence, d'emprunt ou de conserve ?

« L'homme spirituel en Russie en est resté nécessairement au xviiiᵉ siècle et au répertoire du prince de Ligne.

« On est bien obligé de vivre sur un fonds purement rétrospectif dans un pays où la critique, où même la simple appréciation des choses actuelles, est sévèrement interdite.

« Les vieux *concetti* du prince de Talleyrand sont des chefs-d'œuvre de piquant et de nouveauté auprès de ceux du prince Menschikoff.

« L'esprit du ministre de la marine russe sent le congrès de Vienne à pleine gorge. »

Nous n'avons rien changé, nous avons ajouté peu de chose à ce portrait, tracé par une des plumes les plus exercées de la presse périodique.

Tel est bien le prince Menschikoff. Tel est ce vieux courtisan, vert et caduc à la fois, brusque et fantasque vis-à-vis des faibles, humble et rampant aux pieds du tzar, général sans commandement, diplomate d'occasion, qui, trahissant involontairement la pensée de son maitre, lors d'une mission en Allemagne, disait à ses officiers, un soir après diner, sur le pont du navire qui le conduisait à Stettin : « Voilà la route par laquelle nous enverrons quelque jour un vice-roi à Berlin. [1] »

Les Allemands, nous le croyons, sont peu disposés à courber le front sous les vice-rois de Nicolas, et il en sera probablement de cette prophétie comme de celle qui promet aux Romanoff le trône de Constantinople. L'Europe, éclairée maintenant sur ses dangers, ne cédera pas plus l'Allemagne aux Russes qu'elle n'entend leur céder la Turquie.

Il y a des moments, dans la politique, — moments rares, il est vrai, — où l'astuce cesse de prévaloir sur la droiture, le mensonge sur la vérité, la force et l'audace sur le droit. La question russe ou d'Orient, comme on voudra l'appeler, a conduit les affaires à un de ces moments suprêmes. La mission de Menschikoff ne pouvait donc réussir. Elle devait échouer forcément, nous le démontrerons plus loin d'une manière péremptoire.

Mais elle fit mieux, cette mission ; par une conséquence en quelque sorte providentielle des procédés de Menschikoff, elle ramena sur la scène politique un des hommes les plus remarquables de la Turquie moderne, l'ami, le continuateur de Mahmoud, celui qui a le plus fait, avec le sultan actuel, pour le succès de la réforme ottomane, Reschid-Pacha, le ministre patriote, aimé et estimé de l'Europe entière, l'adversaire naturel de la Russie, l'homme qui a le mieux pénétré ses desseins, et qui est en même temps le plus capable de les déjouer.

V.

Reschid-Pacha. — Son portrait. — Ses débuts dans la carrière politique.

« Les Turcs, dit M. de Lamartine dans son *Voyage en Orient* [2], se sont suicidés par le lent suicide de leur gouvernement. Mais comme race d'hommes, comme nation, ils sont encore, à mon avis, les premiers et les plus dignes parmi les peuplades de leur vaste empire.... S'ils avaient de meilleures lois et un gouvernement plus éclairé, ils seraient un des premiers peuples du monde. »

Ces paroles tombées d'une plume éloquente à l'adresse des lecteurs insouciants de Paris et de Londres, semblent avoir été comprises en Turquie. Quelques hommes de cœur et d'intelligence qu'anime un sentiment vrai de la situation, ont secoué les pavots du fatalisme oriental, et marchant avec habileté dans la voie tracée par la sombre énergie du sultan Mahmoud, se sont mis, au milieu de beaucoup d'obstacles intérieurs et extérieurs, à restaurer le vieil édifice en lui appliquant, dans une juste mesure, les idées et la civilisation de l'Occident.

Parmi ce petit nombre de patriotes éclairés que la Turquie possède, il en est un qui se distingue par une élévation, une étendue d'esprit, un talent d'affaires remarquables dans tous les pays, et particulièrement rares dans

---

1. Voy. les *Révélations sur la Russie*, t. III, p. 206.
2. *Voyage en Orient*, t. IV, p. 340.

le sien : c'est Reschid-Pacha, aujourd'hui ministre des relations extérieures, et qui depuis vingt ans environ a toujours pris, dans des positions diverses, une part considérable au gouvernement de l'empire ottoman.

Né à Constantinople en 1802, Moustapha Reschid-Pacha[1] appartient à une famille distinguée. Il a reçu, dès l'enfance, une bonne éducation, chose assez peu commune, parmi les hauts fonctionnaires de cette époque, pour valoir la peine d'être notée.

Son père, Moustapha-Effendi, était administrateur général des biens de la mosquée du sultan Bajazet, et sa mère appartenait à une famille qui comptait des vizirs. Restée veuve de bonne heure avec deux filles, elle s'attacha à donner au jeune Reschid, son aîné, qui portait le titre de bey, une éducation digne des destinées qu'elle rêvait pour lui. Ayant marié une de ses filles à Ali-Pacha, gouverneur de Morée, elle lui confia son fils, qu'il prit avec lui en qualité de *kiatib*, secrétaire particulier.

Nommé successivement grand vizir, puis disgracié, puis rappelé au pouvoir et chargé du commandement de l'armée dirigée contre la Grèce, Ali-Pacha encourut, par l'insuccès de ses opérations militaires, une dernière destitution qui fut bientôt suivie de sa mort.

Son jeune secrétaire, après l'avoir suivi dans ses diverses fortunes, et partagé avec lui les dangers et les fatigues de la guerre, entra, après sa mort, dans les bureaux de la Porte, où il se fit bientôt remarquer du vizir Izzet-Pacha, et, plus tard, de Pertew-Pacha, par l'habileté élégante de sa rédaction et l'éloquente facilité de sa parole.

C'était le temps où Mahmoud, après avoir, dans la célèbre et sanglante journée du 16 juin 1826, livré un combat à mort aux janissaires, déjà décimés en détail par la guerre de Morée, et triomphé de ce corps de prétoriens rebelles à toute innovation, commençait son œuvre de réforme au milieu du double danger de la guerre civile et de la guerre étrangère. Tandis que, d'une main il luttait successivement contre la Grèce, puis contre l'Europe, puis contre la Russie, puis contre Mohammed-Aly, tandis qu'il exterminait les dère-beys, grands feudataires d'Asie, et soumettait le pacha d'Albanie, de l'autre main il travaillait avec ardeur à changer la face de l'empire.

Menschikoff.

Épris d'un goût passionné pour les institutions, les usages, les costumes, les amusements et malheureusement aussi le vin[1] de l'Occident, attribuant à tout cela en bloc la supériorité de ces giaours maudits qui lui faisaient sentir la force de leur bras, il demandait, à une imitation impétueuse et précipitée de ses ennemis, les moyens de prendre sur eux sa revanche. Après avoir perdu ses armées, il cherchait, souvent par la violence, à organiser rapidement une milice à l'européenne. Après avoir perdu sa marine, il tentait d'en créer une nouvelle sur les mêmes bases et par les mêmes moyens.

Mahmoud n'avait qu'une idée très-imparfaite du fond de cette civilisation dont il éprouvait la puissance. Sentant instinctivement l'influence des apparences extérieures, il déshabillait d'autorité les Osmanlis, proscrivait le turban et la robe longue pour les remplacer par le fez, la redingote et le pantalon. « Un peuple, dit M. Émile Barrault, ne se régénère jamais sans se déshabiller. » Il y a du vrai dans cet aphorisme, qui, au premier abord, peut paraître paradoxal. Et pourtant de toutes les réformes de Mahmoud, celle du costume est celle qui souleva le plus d'opposition ; elle en rencontra dans le Divan même, et partagea les ministres du réformateur.

Si, d'un côté, le vieux Khosrew-Pacha, contrefaçon turque de M. de Talleyrand, boiteux et rusé comme lui, après avoir, comme lui, traversé cinquante ans de troubles en conservant son autorité et sa tête, se pliait docilement à tous les caprices du maître, et, voyant que le vent était à l'innovation, poussait, dit-on, pour plaire au sultan, le goût de la civilisation jusqu'à livrer sa barbe grise aux mains et aux railleries insolentes des courtisanes grecques, compagnes habituelles des orgies impériales ; de l'autre côté, Pertew-Pacha, Turc austère et intègre, intelligence droite et ferme, bien que son esprit fût souvent obscurci par les préjugés du fanatisme religieux, luttait contre cette brusque invasion des vices et des modes de l'Occident.

VI.

Reschid protégé par Pertew-Pacha. — Mort touchante de ce dernier.
Belle conduite de Reschid.

Au milieu de ces conflits ministériels, le jeune Reschid-Bey, qui, après le traité d'Andrinople, à la rédac-

---

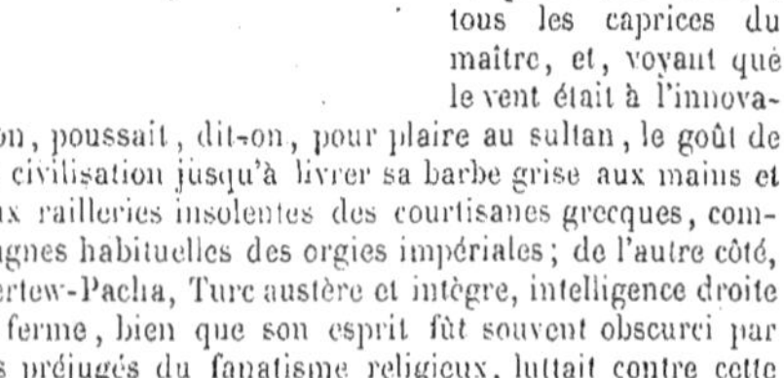

1. La plupart de ces détails biographiques ont paru en 1836, dans la *Galerie des contemporains illustres* ; chez René et Cie, imp.-édit.

1. De tous les fils d'Othman, Mahmoud est certainement le pre-

tion duquel il avait concouru en qualité de secrétaire, avait été attaché au ministère des relations extérieures, occupé alors par Pertew-Pacha, trouvait dans ce dernier un protecteur affectueux, qui, appréciant son zèle et son talent, se plut à lui frayer la route du pouvoir. C'est sous lui qu'il apprit les affaires, et si son intelligence, déjà mûrie par l'étude, et plus tard éclairée encore par ses voyages en Europe, se déroba à l'influence des idées étroites de son patron, son cœur conserva toujours pour le noble caractère de Pertew une tendre vénération.

Elevé par lui au poste d'*amedji* (rapporteur secrétaire d'Etat), il fut chargé, en 1833, après la défaite des Turcs à Konieh, de débattre et de régler avec Ibrahim-Pacha les conditions du traité de Kutahieh. En 1834, il fut le premier des ambassadeurs que le sultan résolut d'établir à poste fixe auprès des cours d'Europe ; et fut pendant deux ans envoyé en cette qualité, tantôt à Paris, tantôt à Londres.

Il tira de ce voyage un grand profit : observant la civilisation, non plus défigurée dans une copie plus ou moins adroite, mais sur place, fonctionnant à propos et en son lieu, il apprit à discerner ce qui était occidental et indigène, et ce qui pouvait être utilement transplanté en Orient. Tandis qu'il se livrait ainsi à une étude intelligente des institutions des deux puissances les plus éclairées de l'Europe, son protecteur, Pertew-Pacha, parvint à renverser le vieux Khosrew, et appela le jeune ambassadeur à venir occuper le poste de reis-effendi, ministre des relations extérieures. Mais le triomphe de Pertew fut court : entre le départ et le retour de Reschid, le triomphateur avait succombé devant une nouvelle intrigue.

Il venait d'être exilé à Andrinople, et déjà Mahmoud parlait de le rappeler, lorsque, dans une nuit d'orgie, ses ennemis arrachèrent au sultan ivre la signature d'un firman de mort, qu'il avait oublié le lendemain. Nous laisserons MM. de Caldevène et E. Barrault raconter cette lugubre scène[1].

« Un jour que Pertew sortait du bain, averti qu'Emin-Pacha d'Andrinople avait à lui communiquer des nouvelles de Stamboul, il fait seller sa mule et se rend au palais avec un de ses serviteurs. Le pacha se leva et le fit asseoir près de lui sur un divan.

« On servit la pipe et le café, et à ce cérémonial succéda le silence. Jeune encore, fils généreux de Reschid-Méhémed, Emin ignorait l'art du bourreau parfumant longuement la victime de flatteuses paroles ; son respect pour le condamné, son étonnement de la rigueur inusitée du sultan lui inspiraient une sorte de terreur de sa mission.

« Pertew le premier rompit le silence : « Vous avez, « m'a-t-on dit, des nouvelles de Stamboul à me commu- « niquer. » A ces mots les traits d'Emin révélèrent sa douleur, sa langue balbutia, et, le cœur oppressé, incapable de signifier lui-même la sentence funeste, il lui remit le firman.

Baraguey-d'Hilliers.

« Après l'avoir porté à sa bouche et à son front, Pertew déplia le rescrit impérial et le lut lentement jusqu'au bout sans changer de visage. Ensuite il le replia, le plaça sous le coussin et frappant dans ses mains pour appeler : « Qu'on « m'apporte une pipe, » dit-il avec calme.

« Le pacha se taisait. « Dieu m'est témoin, « proféra Pertew en lais- « sant gravement tom- « ber ses paroles entre « les aspirations régu- « lières de la pipe, que « j'ai toujours servi avec « zèle et dévouement le « sultan notre maître, « que son règne soit glo- « rieux ! Je n'ai jamais « travaillé que pour le « bien et la prospérité « de l'empire, mon cœur « et mes mains sont « purs, qu'Allah par- « donne à mes enne- « mis ! Laissez-moi, sei- « gneur, le temps de « faire ma prière, » acheva-t-il en s'adressant au pacha qui se levait pour se soustraire au spectacle de l'exécution de l'ordre de mort qu'il avait donné.

« Pertew étendit un tapis, fit son namaz, et, détaché de tous les souvenirs de la puissance et de tous les regrets de la vie, n'aspirant plus qu'à l'existence nouvelle qui allait s'ouvrir pour lui, ce fut en vers qu'il exprima sa pieuse exaltation. Le sentiment religieux et l'amour de la poésie, qui avaient fidèlement accompagné le ministre à travers les corruptions et les occupations du pouvoir, survivant à tout le reste, remplissaient son âme tout entière, dont l'inspiration s'exhala mystérieusement dans la langue allégorique des sophis.

« La nuit était venue. Inquiets de ne pas le revoir paraître, ses gens allèrent le demander au sérail. On ne leur donna qu'un cadavre qu'ils reportèrent silencieusement chez lui.

mier qui soit mort tué par les abus de la liqueur que prohibe le Coran. Il y a deux siècles, on eût prévu pour un sultan tous les cas de mort, excepté celui-là.

1. *Deux années de l'histoire d'Orient*, par de Cadalvène et E. Barrault.

« Le lendemain, au lever du jour, plus de 2000 Turcs accompagnèrent Pertew à la demeure suprême : le dernier Turc venait de mourir selon la Turquie antique. »

C'est quelques jours après cette lugubre catastrophe, que Reschid-Pacha, passant par Andrinople, y rencontra la tombe toute fraîche de son protecteur, au moment où il le croyait au faîte de la puissance. Ce sinistre exemple des affreux abus du despotisme fit sur son esprit une profonde impression, et il arriva à Constantinople incertain de sa propre destinée.

Le sultan ignorait encore l'acte de son ivresse. On lui avait fait croire que Pertew était mort d'une attaque d'apoplexie : Reschid-Pacha l'instruisit de la vérité, et, poëte lui-même, il lui récita les derniers vers de Pertew, qu'il avait pieusement recueillis. On dit que Mahmoud, qui, depuis longtemps, avait renoncé à l'odieux usage de tacher de sang la disgrâce de ses ministres, fondit en larmes, et Reschid profita de ces regrets tardifs pour demander la vengeance de l'iniquité sur ceux qui l'avaient commise ; mais, plus généreux qu'eux, il se contenta de la disgrâce d'Halil-Pacha, monté du rang d'esclave au titre de gendre du sultan lui-même, et d'Akif, les deux principaux auteurs de la mort de Pertew.

Devenu ainsi maître du pouvoir, Reschid-Pacha commença l'application des idées nées de son premier voyage en Occident.

« Son administration, disent les auteurs de *Deux années de l'histoire d'Orient*, fut marquée par des tentatives soutenues d'amélioration. C'est à lui qu'est due la création des deux conseils de l'empire qui régularisent l'action du gouvernement et du conseil d'utilité publique destiné à élaborer les projets administratifs.

« Mais ces honorables efforts faillirent le renverser, et ne lui laissèrent d'appui que parmi les légations européennes, contre les ombrages de la Russie et la jalousie des Turcs. Déjà se prononçait la lutte entre la première et la seconde génération de la réforme ; Reschid, qui avait remonté par ses voyages jusqu'à la source de l'initiation, était à la tête de cette génération nouvelle.

« Pour ennemis il avait Khosrew, Halil et Achmet, celui qui, depuis, livra, après Nézib, la flotte du sultan à Mohammed-Aly ; c'est un ex-cordonnier, puis batelier, dont Mahmoud avait fait un grand amiral. Ces premiers-nés de la réforme, envieux de tout concurrent au crédit dont ils s'entre-disputaient le monopole, se montraient jaloux d'un mérite particulier qui n'était pas né comme le leur dans le sang et le scandale, mais qui plus pur s'était perfectionné en s'abreuvant à la mamelle même de la civilisation. Leurs sourdes et perfides attaques allaient l'emporter ; force fut à Reschid d'abandonner le terrain qui manquait sous ses pieds, et de prévenir sa chute en s'exilant dans l'ambassade extraordinaire d'Angleterre.

« Après avoir concouru au traité de commerce de 1838, entre la France et la Turquie, il repartit pour Londres avec l'espoir de ménager entre Londres et Stamboul une alliance offensive et défensive contre la Russie.... Avant d'arriver à sa destination, il voulut traverser l'Europe, et passa par Paris, Bruxelles, Berlin, Vienne et Rome, où il eut une audience du pape. » C'était là une chose nouvelle dans l'histoire de l'empire ottoman.

Il se trouvait à Paris à la fin de 1839, lorsqu'il apprit en même temps la mort du sultan et la dernière défaite des Turcs par l'armée égyptienne à Nézib. Il repartit aussitôt pour Constantinople, où il arriva le 4 septembre 1839, juste assez à temps pour prévenir les manœuvres de Khosrew, qui se préparait à le renvoyer sur le continent. A la faveur des embarras occasionnés par la mort du sultan, le vieux ministre avait ressaisi le pouvoir.

Reschid, le sentant trop fort pour être attaqué de front, lutta de ruse avec lui, se fit modeste et conciliant, attisa la haine que Khosrew commençait à ressentir contre Halil et Achmet, et, entrant dans ses inimitiés à la condition qu'il entrerait dans les siennes, il parvint à écarter peu à peu ses ennemis de la haute administration, établit progressivement son ascendant sur le Divan, dont la puissance s'augmentait de toute la jeunesse du sultan, et, convaincu que dans la situation critique où se trouvait l'empire, pressé d'un côté par Mohammed-Aly, de l'autre par la diplomatie européenne, et menacé à l'intérieur par l'irritation générale des Turcs et des rayas, également rançonnés, opprimés et mécontents, le moment était venu de tenter une rénovation, non plus seulement dans la forme, mais dans le fonds de cette société désorganisée, l'habile ministre rédigea et fit adopter par ses collègues, le Divan, le jeune sultan, et sanctionner par le cheik-ul-islam, chef de la religion, un acte décisif, dont la proclamation fut entourée de la plus grande solennité.

VII.

Hatti-Schériff de Gul-Hané.

Le dimanche 3 novembre 1839, une vaste plaine située dans l'intérieur du sérail et attenant au kiosque de *Gul-Hané*[1], reçut les représentants de toutes les puissances européennes, le prince de Joinville et son état-major, les ministres de l'empire, les pachas gouverneurs des provinces, les généraux du premier rang, les principaux fonctionnaires, le corps des ulémas, les patriarches de toutes les communautés religieuses des rayas, une députation des *sarrafs* (banquiers arméniens), une autre des différentes corporations, et enfin une foule immense composée du peuple conquérant et de toutes les factions du peuple conquis. Après que le jeune sultan eut pris place dans le kiosque, au-devant duquel avait été élevé une tribune, Reschid-Pacha monta à cette tribune pour lire d'une voix sonore et harmonieuse le hatti-schérif (décret impérial) qui annonçait la réorganisation de l'empire.

Le hatti-schérif de Gul-Hané, accueilli d'abord en Europe avec assez d'enthousiasme, a été souvent plus tard envisagé avec ironie et dédain. On en a blâmé la forme ; on s'est plu à présenter cette forme comme responsable des difficultés de son exécution. Pour mettre le lecteur à même de juger la question, nous allons d'abord résumer les traits principaux de cet important document dont voici l'exorde :

« Tout le monde sait, disait le sultan par la bouche de son ministre, tout le monde sait que, dans les premiers temps de la monarchie ottomane, les préceptes glorieux du Coran et les lois de l'empire étaient une règle toujours honorée. En conséquence, l'empire croissait en force et en grandeur, et tous les sujets, sans exception, avaient au plus haut degré acquis l'aisance et la prospérité. Depuis cent cinquante ans, une succession d'accidents et des cau-

1. Pavillon des Roses.

ses diverses ont fait qu'on a cessé de se conformer au code sacré des lois et des règlements qui en découlent, et la force et la prospérité antérieures se sont changées en faiblesse et en appauvrissement. C'est qu'en effet un empire perd toute stabilité quand il cesse d'observer ses lois.

« Ces considérations sont sans cesse présentes à notre esprit, etc., etc.... Ainsi donc, plein de confiance dans le secours du Très-Haut, appuyé sur l'intercession de notre prophète, nous jugeons convenable de chercher par des institutions nouvelles à procurer aux provinces qui composent l'empire ottoman le bienfait d'une bonne administration. »

On a trouvé que cet exorde, en vertu duquel l'innovation découle du Coran qui la proscrit, et se présente comme un retour aux anciennes lois dont elle diffère essentiellement, n'était pas très-rigoureusement logique. Cela est vrai ; mais, pour n'être pas logique, ce n'est pas maladroit ; ce n'est pas maladroit, quand la réforme, aux yeux des vrais croyants, avait pris sous la main impétueuse de Mahmoud le caractère d'une profanation, de la placer d'abord respectueusement sous la sauvegarde du Coran ; d'autant plus que le Coran vaut beaucoup mieux que sa réputation. Celle-ci est surtout mauvaise auprès des gens qui ne l'ont pas lu ; il est certain que, sans être un code parfait de justice, de raison et de tolérance, le Coran est loin de mériter la responsabilité de tous les actes commis en son nom, et, à quelques modifications près, il peut, assez logiquement même, servir de base au décret de Gul-Hané.

Passant ensuite aux institutions qui conviennent à la Turquie, le hatti-schérif les énumère ainsi :

« Ces institutions doivent principalement porter sur trois points qui sont : 1° les garanties qui assurent à nos sujets une parfaite sécurité quant à leur vie, leur honneur et leur fortune ; 2° un mode régulier d'asseoir et de prélever les impôts ; 3° un mode également régulier pour la levée des soldats et la durée de leur service. »

Deux pages sont ensuite consacrées à développer les avantages évidents de ces institutions et à montrer les vices non moins évidents de l'ancien système d'administration, en vertu duquel la vie, l'honneur et la fortune des sujets sont à la merci des passions des pachas que la faveur ou le trafic investit de l'autorité.

Après avoir établi également la nécessité de régler par des lois la conscription, qui était une chasse aux hommes, sans frein et sans règle, le hatti-schérif pose les principes qui serviront de base aux différentes lois :

« C'est pourquoi, désormais, la cause de tout prévenu sera jugée publiquement, conformément à notre loi divine, après enquête et examen ; et, tant qu'un jugement régulier ne sera point intervenu, personne ne pourra, secrètement ou publiquement, faire périr une autre personne par le poison ou par tout autre supplice. »

Cet article est à lui seul un tableau des monstrueux abus qu'il tend à extirper.

« Il ne sera permis à personne de porter atteinte à l'honneur de qui que ce soit. Chacun possédera ses propriétés de toute nature et en disposera avec la plus entière liberté, sans que personne puisse y porter obstacle ; ainsi, par exemple, les héritiers innocents d'un criminel ne seront point privés de leurs droits légaux, et les biens du criminel ne seront pas confisqués.

« Ces concessions impériales s'étendant à tous nos sujets, de quelque religion ou secte qu'ils puissent être, ils en jouiront sans exception. Une sécurité parfaite est donc accordée par nous aux habitants de l'empire, dans leur vie, leur honneur et leur fortune, ainsi que l'exige le texte sacré de notre loi. »

C'était là l'article capital du décret. En torturant un peu le texte sacré, Reschid-Pacha frappait d'un seul coup tout le système d'exclusion sur lequel repose la société musulmane.

« Quant aux autres points, comme ils doivent être réglés par le concours d'opinions éclairées, notre conseil de justice (augmenté de nouveaux membres autant qu'il sera nécessaire), auquel se réuniront, à certains jours que nous déterminerons, nos ministres et les notables de l'empire, s'assemblera à l'effet d'établir des lois réglementaires sur ces points, de la sécurité, de la vie et de la fortune, et sur celui de l'assiette des impôts. Chacun, dans ces assemblées, exposera librement ses idées et donnera son avis.

« Les lois concernant la régularisation du service militaire seront débattues au conseil militaire tenant séance au palais du séraskier. — Dès qu'une loi sera finie, pour être à jamais valable, elle nous sera présentée ; nous l'ornerons de notre sanction, que nous écrirons en tête, de notre main impériale. — Comme ces présentes institutions n'ont pour but que de faire refleurir la religion, le gouvernement, la nation et l'empire, nous nous engageons à ne rien faire qui y soit contraire. — En gage de notre promesse, nous voulons, après les avoir déposées dans la salle qui renferme le manteau glorieux du Prophète, en présence de tous les ulémas et des grands de l'empire, faire serment par le nom de Dieu, et faire jurer ensuite les ulémas et les grands de l'empire. — Après cela, celui d'entre les ulémas ou les grands de l'empire, ou toute autre personne que ce soit, qui violerait ces institutions, subira, sans qu'on ait égard au rang, à la considération et au crédit de personne, la peine correspondante à sa faute bien constatée. Un Code pénal sera rédigé à cet effet. »

Après avoir annoncé de plus une loi rigoureuse contre le trafic de la faveur et des charges (*richvet*) que la loi divine réprouve, et qui est, dit-il, une des principales causes de la décadence de l'empire, le sultan, en sa qualité de chef spirituel, termine par l'anathème contre ceux qui violeraient son décret.

« Que ceux qui feront un acte contraire aux présentes institutions soient l'objet de la malédiction divine et privés pour toujours de toute espèce de bonheur. »

Voilà le hatti-schérif de Gul-Hané. Est-ce bien là ce qu'on a appelé un plagiat inintelligent et impuissant de nos chartes européennes ? Il est évident que ce n'est point une charte ; il est évident que dans ses dispositions basées sur les idées les plus simples de la raison, il n'y a rien qui ressemble à l'appareil compliqué d'une mécanique constitutionnelle avec sa division des pouvoirs, ses engrenages, et ses contre-poids d'attributions.

Des écrivains déjà cités reprochent à cet acte, dont ils reconnaissent d'ailleurs la portée, d'être *taillé sur le patron d'une charte*. A quoi s'applique cette objection, à moins que ce ne soit à la forme par laquelle le sultan *octroie* à ses sujets des garanties qu'ils ne possédaient pas jusqu'ici ; et, dans ce cas, quelle autre forme pouvait-on donc donner en Turquie à des lois nouvelles, sinon celle d'une libre émanation de la volonté impériale ?

Personne n'a pensé apparemment à une représentation nationale turque, traitant avec le souverain pour lui proposer ou lui imposer *un pacte social*. C'est là ce qui n'eût pas été sérieux, c'est là ce qui eût été un plagiat impuissant et inintelligent de l'Europe.

VIII.

Conséquences du hatti-schériff de Gul-Hané. — Réformes intérieures.

Reschid-Pacha déploya, pour la réalisation du programme de Gul-Hané toute l'énergie et toute l'habileté possibles dans sa situation. N'ayant d'autre appui qu'une fraction minime d'hommes honnêtes et intelligents, perdue au milieu de la tourbe aussi ignorante que corrompue des dignitaires de la Porte, il sut, avec sa parole pleine de puissance et de charme, éclairer l'esprit et captiver le cœur naturellement bon et généreux du jeune sultan, et, malgré les obstacles suscités par la question égyptienne, il maintint pendant deux ans son ascendant contre toutes les intrigues diplomatiques et domestiques, et parvint à réaliser sur plusieurs points les améliorations promises.

Au milieu de ces difficultés d'intérieur, la question turco-égyptienne se compliquait de plus en plus.

Sinope.

Trop éclairé pour ne pas déplorer une guerre civile entre musulmans, qui n'était profitable qu'aux ennemis de l'empire, Reschid-Pacha se fût probablement prêté à un arrangement direct entre le jeune sultan et le vieux pacha d'Égypte, arrangement que la mort de Mahmoud, opiniâtre ennemi du vice-roi, facilitait singulièrement ; mais il n'était pas encore de retour à Constantinople lorsque déjà l'Europe s'était emparée du procès.

Le prince de Metternich avait vu dans cette heureuse difficulté un moyen d'atteindre à la fois un double but : l'annulation du protectorat exclusif de la Russie, fondé par le traité d'Unkiar-Skelessi, et la rupture de l'alliance anglo-française, et il s'était empressé de mettre en avant l'idée d'une note collective des puissances pour demander l'intervention, et l'intervention avait été acceptée.

A son arrivée, Reschid-Pacha, trouvant la question ainsi engagée, dut se résigner à un rôle passif tandis que l'Occident s'arrogeait le droit de vider la querelle de deux Osmanlis. On sait comment elle fut décidée ; la puissance de Méhémet-Ali fut brisée ; l'empire y gagna à la vérité d'être débarrassé de la protection exclusive de la Russie et d'entrer dans les stipulations générales du droit européen établies par le traité de Vienne, dont il avait été exclu jusque-là ; mais pour n'être plus écrite sur le papier, la prépondérance russe n'en resta pas moins réelle, elle grandit encore de la rupture de l'alliance anglo-française, et c'est avec elle que le ministre réformateur eut bientôt à compter. Il avait, entre autres actes d'une haute importance, terminé la rédaction d'un code embrassant les différentes clauses du hatti-schériff de Gul-Hané, qu'il formulait en lois placées sous la garde même de la nation.

On soudoya, on ameuta contre lui toutes les corruptions, tous les abus que ses actes tendaient à supprimer. On fit jouer tous les ressorts, on usa de toutes les influences, et le 29 mars 1841, quelques jours après la rentrée de la flotte turque d'Alexandrie à Constantinople, au moment où la solution définitive de l'affaire d'Egypte allait laisser un champ plus libre aux réformes de l'intérieur, Reschid-Pacha, auquel le jeune sultan venait tout récemment encore d'accorder une décoration particulière en témoignage de sa satisfaction, reçut sa démission et fut déporté à l'ambassade de France.

Dans cette position, où ses ennemis eurent l'art de le retenir jusqu'en 1847, Reschid put rendre à son pays de sérieux services en éclairant les puissances occidentales sur la marche de son gouvernement, sur les efforts personnels du sultan Abdul-Medjid pour la régénération de la Turquie et l'amélioration graduelle du sort des rayas. Lui-même, parfaitement placé à Paris pour observer les événements et le jeu secret des diplomaties, put retour-

Bombardement d'Odessa.

ner à Constantinople après s'être initié, par une étude de plus de sept années, à tous les mystères de la politique européenne.

S'il ne fut pas témoin de notre révolution de 1848, il put la prévoir aux symptômes qui en présageaient l'avénement; il dut aussi, dès cette époque, faire entrer dans ses prévisions la possibilité d'une nouvelle ingérence des Russes dans les affaires d'Orient.

Car pour les Russes, c'est une bonne fortune que les troubles des autres pays, notamment ceux qui éclatent parmi nous. Comme ils nous croient toujours à la veille de nous dévorer les uns les autres, l'annonce d'une révolution ou d'une secousse politique quelconque en France, réjouit d'abord la haine qu'ils nous portent.

Leur premier mouvement est de s'en applaudir; le second de chercher à en profiter, calculant, non sans raison parfois, que nos préoccupations intérieures nous empêcheront de suivre, avec l'attention voulue, les événements du dehors, ou tout au moins d'y intervenir utilement.

Le mouvement tout national des Moldo-Valaques en 1848 fut un prétexte qu'ils saisirent avidement. L'armée russe entra de nouveau dans les principautés et imposa à la Porte la funeste convention de Balta-Liman. Nous reviendrons sur ce point historique. Etranger aux actes officiels de cette époque, Reschid-Pacha reçut de la confiance de son souverain, en 1849, le titre éminent de grand vizir.

La fameuse lettre autographe de l'empereur Nicolas pour se plaindre au sultan des procédés de ses ministres, obligea en quelque sorte Abdul-Medjid à se séparer de son fidèle conseiller (6 août 1852). Mais une disgrâce obtenue par de tels moyens ne pouvait être réelle. Aussi l'éloignement de Reschid-Pacha dura fort peu, et personne ne fut étonné de le voir rentrer aux affaires lorsque, en 1853, les procédés violents de Menschikoff forcèrent le sultan d'appeler auprès de lui de nouveaux ministres. Il le chargea du département des relations extérieures et lui remit la direction de toutes les affaires politiques.

C'était répondre dignement aux provocations de la Russie. C'était lui opposer un adversaire sérieux, dont la modération connue était, pour l'Europe, une garantie de bonne politique aussi bien que d'indépendance réelle, et dont l'expérience saurait conduire les événements de manière à préserver les déterminations de la Porte de toute précipitation comme de toute faiblesse.

Reschid-Pacha est un homme de moyenne taille, plutôt petit que grand, d'apparence robuste et un peu gros; sa figure brune et régulière, large et carrée du front, amincie par le bas, est ornée d'une moustache noire et d'une barbe courte légèrement effilée en pointe; son nez est aquilin, ses yeux sont noirs et assez beaux : l'ensemble de sa physionomie et de son attitude présente au plus haut degré ce caractère de réserve et de calme particulier aux hommes de l'Orient. Cependant en l'examinant bien on découvre au fond un trait dominant de pénétration et de finesse, et si la conversation effleure une corde sensible, on voit comme un éclair passer dans son regard; il parle peu et avec une certaine hésitation, quoiqu'il possède parfaitement notre langue; on dit que dans la sienne il est remarquablement élégant. Il est de plus poëte; mais les hommes d'État de l'Orient gardent leurs vers pour eux et leurs amis et ne les communiquent pas au public. Les siens sont fort admirés.

Sa tenue ordinaire est des plus simples. Son fez rouge et sa redingote bleue, croisée et boutonnée jusqu'au menton, composent toute sa parure. Il ne porte aucune décoration, cependant il est :

Commandeur de l'ordre impérial de distinction particulière de Sa Hautesse, et de celui du Grand-Mouchis;

Grand-croix de l'ordre de la Légion d'honneur de France;

De l'ordre de l'Aigle Rouge de Prusse;

Des ordres de Charles III et d'Isabelle la Catholique d'Espagne;

De l'ordre du Lion néerlandais des Pays-Bas;

De l'ordre de Léopold de Belgique;

De l'ordre de l'Épée de Suède, etc., etc.

Lorsqu'il était ambassadeur en France, Reschid-Pacha fréquentait assez le monde et n'y paraissait point à la gêne, comme le sont d'ordinaire les musulmans.

Nous l'avons vu un jour dans un salon où Mlle Rachel récitait des vers; il y avait une foule énorme; le représentant de l'*ombre de Dieu sur la terre* (titre du sultan), ne trouvant point de chaise et n'aimant pas sans doute à rester debout, prit le parti de s'asseoir tout simplement sur le bord de l'estrade, aux pieds mêmes de la jeune et célèbre juive, qui récitait le songe d'Athalie; non loin de lui, dans l'encoignure d'une fenêtre, se trouvaient deux prêtres catholiques; en face, plusieurs rangées de femmes dans tout l'éclat un peu décolleté du costume occidental, et plus loin, le long des murs, une collection de célébrités de toutes les races et de toutes les nations.

Le spectacle était curieux et pouvait passer pour un échantillon de ce que certains écrivains appellent la *communion future* de l'Orient et de l'Occident.

Bien que très-civilisé, Reschid-Pacha n'en est pas moins un bon musulman, un fidèle observateur des préceptes de sa religion. Il n'a qu'une seule femme, et ceci est beaucoup moins rare en Orient qu'on ne le croit; pendant son ambassade à Paris, sa femme était restée à Constantinople, mais il avait avec lui, dans le bel hôtel de la Reynière, ses quatre fils, et il s'occupait de leur éducation, de leur santé, de leurs jeux même, avec une sollicitude, une bonté paternelle qui ne se rencontre pas toujours chez les hommes d'État de l'Occident. En un mot, Reschid-Pacha, en empruntant à l'Europe une partie de ses idées, a su conserver toutes les qualités de cœur, toutes les vertus de famille qui font en général le beau côté de la race ottomane.

CHAPITRE IV.

INTERVENTION DES PUISSANCES.

I.

Duplicité du gouvernement russe. — L'Angleterre jouée par Nicolas.

Les gouvernements peu scrupuleux ont sans doute en politique un certain avantage sur les autres, l'avantage du moment. Ils peuvent, en prodiguant de fallacieuses promesses, en multipliant les assertions mensongères, en affectant le désintéressement alors même qu'ils travaillent sourdement et par tous les moyens à l'exécution de leurs ambitieux projets, ils peuvent endormir quelque temps ou tromper la sollicitude des autres pays.

C'est ainsi que le cabinet de Londres, dont le coup d'œil est habituellement si vif et si profond, parut n'avoir dans le principe qu'une vue tout à fait incomplète des plans réels de la Russie.

De tout temps les discussions locales entre les deux communions grecque et latine l'avaient trouvé fort indifférent. La querelle des lieux saints ne l'émut pas davantage. Protestant, et désintéressé dans la dispute religieuse, il ne pouvait se persuader qu'un débat si futile à ses yeux cachât une question politique véritablement sérieuse. Peut-être avait-il d'autres motifs encore de conserver ses illusions à cet égard.

L'Angleterre a foi en elle-même; elle ne prend pas facilement l'alarme. L'opinion publique s'occupait assez peu des affaires d'Orient; et d'une autre part, le ministère semi-tory, semi-libéral de lord Aberdeen avait de trop anciennes relations avec les grandes puissances, surtout avec la Russie, pour admettre que celle-ci voulût, sur une cause toute secondaire, jouer l'avenir de l'alliance britannique. — Nous dirons, en arrivant à la correspondance secrète de sir Hamilton Seymour, ministre plénipotentiaire à Saint-Pétersbourg, comment cette confiance du cabinet de Londres fut entretenue par les efforts personnels de Nicolas.

A Constantinople le prince Menschikoff, si rogue, si cassant avec les ministres turcs, si réservé avec la légation française, n'avait pour les agents anglais que des paroles courtoises, presque bienveillantes. Au moment même où la Russie concentrait sur le Pruth une armée de 144 000 hommes, il déclarait au chargé d'affaires anglais, le colonel Rose, qu'il n'était point *porteur d'ordres péremptoires*; que la question des lieux saints pouvait être immédiatement terminée par la simple exécution du firman accordé aux Grecs; et que, quant à la réparation qu'il était chargé de demander pour l'offense faite à l'empereur son maître, cette demande était déjà satisfaite par la retraite d'un ministre hostile à la Russie, Fuad-Effendi.

Si, à Saint-Pétersbourg, l'ambassade anglaise, dirigée alors par un diplomate très-clairvoyant, sir Hamilton Seymour, se montrait inquiète des préparatifs militaires de la Russie, le chancelier, M. de Nesselrode, n'hésitait pas à démentir l'importance de ces préparatifs, taxant d'exagérées les appréhensions de l'Angleterre, et rejetant sur la France seule l'intention de troubler la paix du monde par l'exigence de ses prétentions en Orient.

« Le seul objet de la Russie, disait M. de Nesselrode[1], est un arrangement qui puisse rendre au firman du 10 février 1852 la validité qu'on lui a ôtée, rétablir à Jérusalem les deux rits sur un pied d'égalité, et concilier leurs prétentions sans léser les droits de l'un et de l'autre. »

Pressé par l'ambassadeur de s'expliquer sur la nature des instructions données au prince Menschikoff, il affirmait que ces instructions étaient des plus conciliantes. « Elles sont un peu vagues, ajoutait-il, car il est difficile de préciser jusqu'à quel point les droits assurés aux Grecs l'année dernière ont été violés. » Mais dans tous les cas, il n'était pas question de revenir sur les priviléges acquis aux Latins; tout ce que voulait la Russie, c'était d'obtenir pour les Grecs quelque équivalent des priviléges qu'ils avaient perdus[2].

Enfin, dans une entrevue subséquente, un mois après l'arrivée de Menschikoff à Constantinople, au moment même où celui-ci renouvelait près de la Porte ottomane sa demande d'un traité secret sous la forme de *sened*, sir Hamilton Seymour ayant dit au comte de Nesselrode qu'il désirait savoir si l'arrangement des difficultés relatives aux lieux saints terminerait toutes les discussions entre la Russie et la Porte, ou bien si le prince Menschikoff

avait d'autres réclamations à présenter, le chancelier répondit avec simplicité qu'il n'en savait rien. « Il reste peut-être, ajouta-t-il, *quelques réclamations privées*, mais je n'ai pas connaissance d'autres demandes. — En un mot, reprit l'Anglais avec insistance et afin de prévenir toute méprise, *pas d'autres affaires que celles qui peuvent exister entre deux gouvernements amis*. — Exactement, répondit le Russe, les demandes qui forment *les affaires courantes de toute chancellerie*[1]. »

Cet *aveu*, l'expression est de sir Hamilton Seymour lui-même, parut fort satisfaisant à l'ambassade anglaise; et il n'est pas surprenant que le ministre des affaires étrangères, lord Clarendon, en jugeât de même. Les assurances pacifiques de la Russie à l'Angleterre étaient, d'ailleurs, corroborées par des communications privées non moins explicites, et d'une telle nature, que plus tard lord Clarendon n'hésita pas à dire, en plein parlement, qu'il n'aurait pas plus songé à douter de la sincérité de la Russie *que de la parole d'honneur d'un de ses collègues*.

Le gouvernement britannique vit donc la mission du prince Menschikoff non-seulement sans crainte, mais même avec une sorte de prévention favorable. Il croyait cette mission purement relative à l'affaire des lieux saints; il regrettait les difficultés sérieuses, survenues à cette occasion entre deux puissances chrétiennes, et refusait de prendre parti dans la querelle. Toutes les instructions données à cette époque par lord John Russell aux agents anglais, portent ce double caractère de désapprobation religieuse et d'abstention politique.

« Pour un gouvernement qui envisage avec impartialité ces contestations, écrivait-il à lord Cowley, ambassadeur à Paris, une attitude des deux côtés si menaçante, paraît lamentable. Nous regretterions profondément une dispute qui pourrait aboutir à un conflit entre deux grandes puissances européennes; mais quand nous songeons que cette querelle a pour motif des priviléges exclusifs sur les lieux auprès desquels l'Homme-Dieu est venu annoncer la paix aux hommes de bonne volonté, lorsque nous voyons des Églises rivales combattre pour la domination à l'endroit même où le Christ est mort pour l'humanité.... nous ne pouvons assister sans tristesse à un pareil spectacle. — Votre Excellence comprendra donc : 1° que le gouvernement de Sa Majesté n'a pas à entrer dans le fond de ce débat; 2° qu'il désapprouve toute menace et encore plus l'emploi immédiat de la force; 3° qu'il faut dire aux deux parties que si elles sont sincères, elles doivent s'abstenir *d'employer des moyens propres à montrer la faiblesse de l'empire ottoman.* Par-dessus tout, elles doivent s'abstenir *de mettre en mouvement des armées et des flottes* pour faire de la tombe du Christ un sujet de querelle entre chrétiens. »

Cette dépêche qui reflète si bien les sentiments connus de l'homme d'État dont elle émane, porte la date du 28 janvier. Elle fut confirmée le 19 février par une autre lettre également signée de lord John Russell et adressée à la légation de Constantinople. Les deux documents coïncident, le premier, avec le mouvement et l'attitude de plus en plus menaçante des troupes russes en Bessarabie, le second, avec les instances non moins significatives de Menschikoff pour entraîner la Porte à signer son traité secret d'alliance offensive et défensive avec la Russie. En trouvant ces deux pièces dans les communications de sa

----

1. Dépêche du 14 janvier 1853.
2. *Corresp. de sir Hamilton Seymour*, part. I, n° 117.

1. *Corresp. de sir Hamilton Seymour*, part. I, n° 124.

diplomatie, Nicolas put s'applaudir un moment du succès de ses artifices : il avait complétement abusé la bonne foi du cabinet de Londres.

II.

Le colonel Rose ; il fait appeler la flotte anglaise. — Le gouvernement britannique ne ratifie pas cette mesure.

Cependant l'Angleterre avait en ce moment pour représentant à Constantinople un homme qui était loin de partager la sécurité de son gouvernement. En l'absence de l'ambassadeur titulaire, lord Stratford de Radtcliff, alors à Londres, comme l'ambassadeur français, M. de Lavalette, était à Paris, le colonel Rose dirigeait, en qualité de chargé d'affaires, la légation britannique.

Homme d'action, parfaitement placé pour être au courant des préparatifs militaires de la Russie, qu'il suivait avec soin, le colonel Rose ne paraît pas avoir été la dupe un seul instant de la duplicité moscovite. Il vit, dans l'outrage public fait par Menschikoff au ministre des relations extérieures, Fuad-Effendi, la volonté d'agir par intimidation sur l'esprit de la Porte en montrant que la Russie savait atteindre jusque dans la cour du sultan et punir un ministre qui lui déplaisait. Dès les premiers mouvements de l'armée russe en Bessarabie et de la flotte de Sébastopol, il en pénétra le but et en prévint son gouvernement.

« Au lieu de retirer ses troupes ou d'arrêter leur marche, écrivait-il à lord John Russell [1], la Russie les fait avancer vers le territoire turc. Elle fait préparer des approvisionnements pour son armée dans les provinces danubiennes (en Moldavie et en Valachie) sans avoir encore déclaré ni exposé à la Porte les griefs qu'elle peut avoir contre elle, chose inouïe et contraire aux droits des nations civilisées. Elle prend d'autres grandes mesures militaires et maritimes dans la pensée manifeste de détruire l'indépendance de la Turquie ou de lui faire la guerre. »

Le colonel Rose était convaincu que la Russie manquait sciemment aux assurances qu'elle avait données à l'Angleterre. Il pensait, comme le ministère ottoman, que l'indépendance de la Turquie était menacée. Aussi s'empressa-t-il, avant même la nomination de Reschid-Pacha au département des affaires étrangères, de demander à

Londres l'envoi de l'escadre anglaise à l'entrée des Dardanelles pour être à portée de défendre, en cas de besoin, Constantinople. Une demande semblable fut adressée en même temps à Paris, par notre chargé d'affaires, M. Benedetti, pour l'envoi de l'escadre française. Le colonel Rose alla plus loin. Comme le grand vizir lui exprimait le doute que les réponses de l'Angleterre et de la France pussent arriver assez à temps pour prévenir une collision funeste à la Turquie, il n'hésita pas à écrire directement à l'amiral Dundas alors à Malte, et à requérir l'envoi immédiat de l'escadre anglaise dans les eaux de Vourla.

Sans croire absolument à l'imminence d'une catastrophe, il partageait en partie les anxiétés du Divan, et pensait d'ailleurs que si l'appui de l'Angleterre manquait au sultan dans cette crise, celui-ci livrerait son gouvernement à l'influence russe.

Malheureusement la situation ne fut pas envisagée tout à fait de la même manière par le ministère Aberdeen. Il croyait encore aux fallacieuses promesses de Nicolas. Pour en dissiper le charme il fallait peut-être le témoignage d'un agent plus accrédité que le colonel Rose, plus élevé dans la hiérarchie diplomatique, laquelle en Angleterre correspond presque toujours à la hiérarchie sociale, c'est-à-dire à l'importance des hommes dans le gouvernement. Le cabinet de Londres ne crut pas devoir ratifier l'appel de la flotte anglaise à Vourla, et tandis que le gouvernement français, plus prompt à prendre un parti, expédiait l'escadre de Toulon au mouillage de Salamine (19 mars 1853), lord Clarendon se borna à presser le départ de lord Stratford de Radcliffe pour Constantinople.

Frédéric-Guillaume, roi de Prusse.

Mais celui-ci ne devait pas tarder à fixer les incertitudes de son gouvernement. Il arriva à son poste le 5 avril, et précéda de quelques jours seulement le nouvel ambassadeur français, M. de Lacour, successeur de M. de Lavalette.

III.

Communications de la Sublime Porte après le départ du prince Menschikoff.

Nous avons dit que le prince Menschikoff avait quitté la Turquie le 11 mai. Sa mission avait commencé le 28 février. Les tentatives d'intimidation qu'il était chargé de

---

1. *Corresp. du colonel Rose*, 7 mars 1853, part. I, n° 105.

faire sur la Porte ottomane avaient ainsi duré près de trois mois.

Délivré de cet hôte incommode, mais comprenant toute la gravité des événements qui pouvaient éclater d'un moment à l'autre, la Porte sentit d'abord la nécessité de se prémunir contre une agression soudaine des forces russes, en adoptant les mesures défensives qu'exigeait la situation. Elle voulut ensuite soumettre à l'appréciation des grandes puissances, par un document public, sa propre conduite en regard des procédés insolites de la Russie. Enfin, elle tenait à réaliser sans retard l'engagement qu'elle avait pris spontanément vis-à-vis d'elle-même et de l'Europe chrétienne, de confirmer et garantir de nouveau, de la manière la plus solennelle, les immunités et priviléges dont les quatre communautés, grecque, arménienne, catholique et israélite sont en possession, depuis les temps anciens, dans les États ottomans.

Les documents relatifs à ces deux derniers points ont par eux-mêmes une importance trop considérable ; ils constituent, en outre, des pièces historiques d'un trop haut intérêt pour n'être pas reproduits dans cet ouvrage.

D'ailleurs, en les étudiant attentivement, on trouve qu'ils établissent avec une clarté qui rend superflu tout commentaire, la situation respective des deux puissances russe et ottomane, dans le conflit qui déjà commence à agiter si violemment l'Europe.

Nous mettrons donc ces documents *in extenso* sous les yeux du lecteur.

La circulaire diplomatique par laquelle la Porte ottomane expose les faits et la situation, était signée du ministre des relations extérieures, Reschid-Pacha. En voici la teneur :

NOTE OFFICIELLE ADRESSÉE PAR LA SUBLIME PORTE AUX REPRÉSENTANTS D'ANGLETERRE, DE FRANCE, D'AUTRICHE ET DE PRUSSE, EN DATE DU 12 SAFER 1269 (26 MAI 1853).

« La question des lieux saints, qui formait un des principaux objets de la mission du prince Menschikoff, ambassadeur de Russie, avait été résolue à la satisfaction de toutes les parties, lorsque Son Altesse a mis en avant, relativement au culte et au clergé grecs, des prétentions d'une nature toute différente.

« Il est de l'honneur de la Sublime Porte de préserver de toute atteinte, soit dans le présent, soit dans l'avenir, les immunités religieuses, ainsi que les droits et priviléges accordés par les précédents sultans et par Sa Majesté le sultan régnant au clergé, aux églises et aux monastères de ceux de ses sujets qui professent la religion grecque, et de même que l'on n'a jamais songé à y apporter la moindre restriction, l'on n'a jamais, non plus, mis en doute les intentions bienveillantes et loyales de Sa Majesté l'empereur de Russie envers la Sublime Porte. Mais stipuler avec un gouvernement étranger, au moyen d'un *sened* (traité), sous forme de convention, par note ou déclaration ayant la même force et valeur, les droits, priviléges et immunités en faveur d'une communauté nombreuse sujette de la Porte, lors même qu'il ne s'agirait que de la religion, du culte et de l'Église, cela touche aux droits d'indépendance et aux bases gouvernementales de la puissance qui s'engage, et n'est nullement à comparer aux quelques concessions faites par d'anciens traités.

« Les faits ont été exposés au prince Menschikoff avec toute franchise et loyauté ; et, de plus, on s'est montré parfaitement disposé à donner les assurances les plus propres à dissiper les craintes conçues à l'égard des immunités de toute espèce du culte que professe personnellement Sa Majesté l'empereur de toutes les Russies ; mais malheureusement cela n'a pas abouti à une entente entre les deux parties, et la Sublime Porte regrette vivement que le prince ait poussé les choses jusqu'à rompre ses rapports officiels et à quitter son poste.

« Aucune idée hostile envers l'auguste cour de Russie n'anime la Sublime Porte ; son vœu le plus ardent, au contraire, est de resserrer encore plus étroitement que par le passé, par la reprise des relations officielles, des liens d'amitié qui lui sont chers et précieux. Aussi elle espère que Sa Majesté l'empereur, dont le caractère d'équité est bien connu, ne voudra pas entrer sans motif dans la voie des hostilités, et que les principes conservateurs de Sa Majesté Impériale, dont l'univers est témoin, ne lui permettront pas de démarches en opposition avec les assurances positives données par elle aux augustes cours de l'Europe.

« Mais, le fait étant que le prince Menschikoff a rompu ses rapports et quitté son poste, et comme, dans cet intervalle, la Sublime Porte n'a reçu aucune assurance que la guerre n'aurait pas lieu, tandis que, au contraire, l'on voit les immenses préparatifs militaires, de terre et de mer, que fait la Russie sur des points voisins de l'empire ottoman, la Sublime Porte, tout en n'ayant aucune intention hostile, se voit cependant obligée, par prudence

et par précaution , d'aviser aussi à certains préparatifs ,
et il a été résolu qu'à partir de ce jour des dispositions
militaires et de défense seront prises. La Sublime Porte
espère que, sous ce rapport, les hautes cours signataires
du traité de 1841 lui donneront raison. »

Cette note parlait aux États étrangers. Le sultan voulut,
selon les anciens usages de la monarchie ottomane, parler à ses propres sujets. Une *communication* parut à cet
effet dans la *Gazette d'État* , journal officiel du gouvernement turc, et dans le *Journal de Constantinople* , fondé en
1832 par des écrivains français, mais que ses relations
particulières avec les ministres font considérer comme
leur organe semi-officiel.

COMMUNICATION OFFICIELLE (1ʳᵉ) DE LA SUBLIME PORTE.

« Comme les deux parties n'ont pu s'accorder sur toutes les questions que S. A. le prince Menschikoff, arrivé
dernièrement à Constantinople avec le caractère d'ambassadeur extraordinaire de l'illustre cour de Russie, a,
conformément à la mission dont il était chargé, mises en
avant, Son Altesse a rompu les relations diplomatiques
avec la Sublime Porte , mis fin à son ambassade , et elle
a quitté Constantinople.

« Bien que ces faits, survenus dans un temps où la
Sublime Porte met tous ses soins à conserver et à maintenir ses relations amicales avec la cour de Russie,
n'aient pu que faire de la peine au gouvernement de Sa
Majesté le sultan , on espère, toutefois , qu'une juste appréciation de ses intentions loyales et pacifiques de la part
de la cour de Russie, et une manifestation, de la part de
celle-ci, d'intentions analogues et pacifiques , rétabliront,
dans peu , les bonnes relations des deux puissances sur
le même pied qu'auparavant, et la pensée, d'ailleurs ,
que la Russie n'entreprendra point une guerre pour laquelle il n'y a pas de motif fondé , fait espérer que la
paix ne sera pas troublée.

« Quoi qu'il en soit, comme la rupture des relations
officielles et le départ du prince Menschikoff sont des
faits qui , lors du départ de cet ambassadeur, sont restés
sans des assurances qu'il n'y aurait pas de guerre, et
comme la Russie se trouve avoir fait de grands préparatifs de guerre par terre et par mer , la Sublime Porte ,
tout en déclarant officiellement aux hautes puissances
qu'elle n'entretient pas la moindre intention hostile, s'est
trouvée dans la pénible nécessité d'adopter , par pure
précaution , et uniquement pour se mettre en défense,
quelques mesures consistant en mouvements de troupes
et en fortifications ; en conséquence de quoi , elle a entre-
pris de mettre dans un bon état de défense, par l'envoi
de troupes et par d'autres moyens, les forteresses impériales qui sont au delà des Balkans et sur les bords du
Danube , ainsi que d'autres endroits essentiels , et le détroit de la mer Noire. L'envoi à ce détroit des vaisseaux
de guerre qui étaient amarrés devant Bechiktach [1] fait
partie des mesures de précaution dont il s'agit.

« Comme les employés de la chancellerie commerciale
à Constantinople, et les consuls de Russie, restent à
leurs postes , et que les opérations mercantiles des négociants et des sujets russes continuent à se faire comme
par le passé, la Sublime Porte , pour donner une nouvelle

1. *Bechiktach* (la Pierre du Berceau), nom d'un village sur la
rive droite du Bosphore, où se trouve le nouveau palais du sultan.

preuve de ses égards envers la cour de Russie, a envoyé
des ordres partout où il fallait , *à l'effet de faire donner
aux négociants et aux sujets de cette nation plus de facilités encore , et de traiter tous les employés russes avec
les égards convenables ; ce à quoi le gouvernement de Sa
Majesté impériale le sultan tient beaucoup.* »

La fin de ce document traçait nettement la ligne de
conduite que la Porte entendait suivre dès l'origine du
différend , et où elle a persévéré jusqu'au dernier moment
avec une patience et une modération qui lui ont valu les
sympathies universelles.

Avec la même netteté et la même bonne foi , elle publia
le firman ou *iradé* promis aux quatre communautés.

Reschid-Pacha en fit d'abord la remise à leurs chefs
spirituels , réunis à sa résidence d'été de Balta-Liman.
La pièce fut ensuite lue solennellement dans la grande
synagogue des juifs et dans chacun des patriarcats
chrétiens, le 11 et le 12 juin 1853 , en présence des notables de chaque religion.

Cette pièce est précédée de la formule suivante, écrite
de la propre main du sultan, d'où son nom de *hatti-
schérif*, ou *hatti-humaïoun* (*écriture auguste ou impériale*) :

*Qu'il soit fait toujours attention à exécuter sans
changement les décrets contenus dans mon ordre supérieur, et qu'on s'abstienne d'y contrevenir.*

TEXTE DU FIRMAN , DONNÉ A CONSTANTINOPLE VERS LA FIN DE CHABOU 1269 (6 JUIN 1853).

« A l'arrivée de mon ordre impérial adressé à toi (*ici
le nom du patriarche de la communauté*), honneur et élu
de la nation chrétienne , des chefs de la communauté du
Christ (que ton rang soit de longue durée !) ; tu sauras que,
comme le Seigneur très-juste, le donateur absolu des
biens, ayant élevé mon auguste personne impériale à la
gloire du sultanat et du commandement, et m'ayant fait
parvenir au haut poste d'empereur et de khalifat, suivant
sa bonté divine et sa clémence infinie (grâce et reconnaissance à lui), a remis tant de royaumes, de villes, de
diverses classes de sujets, de nations et de serviteurs,
entre les mains pleines de justice de mon khalifat, comme
un dépôt divin tout particulier , d'après ce qui est nécessaire à la bonté requise du khalifat et de l'empire, et ainsi
qu'il convient à la haute habitude du sultanat et de la souveraineté , j'ai toujours , depuis que, secouru par les bon-
tés divines et assisté de la clémence céleste, je me suis
assis sur mon trône impérial , employé généreusement
ma sollicitude active, et mon gouvernement impérial
a continuellement témoigné de sa bienveillance pour que
toutes les classes des sujets de mon empire jouissent d'une
protection parfaite, et que, en particulier , ainsi que cela
se pratiquait dès le principe, ils possèdent sans exception une tranquillité complète dans l'exercice de leur culte
et dans leurs affaires spirituelles , suivant mes intentions
sincères et bienveillantes et ma volonté formelle.

« Comme les bons effets et les utiles résultats de ces
dispositions sont évidents et appréciés , c'est le but de
mes désirs impériaux d'éloigner et d'anéantir complètement, de manière qu'ils ne puissent jamais se renouveler, certains abus qui ont pu avoir lieu par négligence ou
par paresse. Ainsi , je veux et je tiens à ce que soient toujours conservés intacts les priviléges spirituels particuliers des églises et des couvents qui existent dans mes

États impériaux, ainsi que des terres, des propriétés, immeubles et autres endroits religieux qui dépendent de ces églises et couvents; les immunités et les droits propres à de pareils établissements de prières et aux ecclésiastiques, les priviléges et concessions semblables, écrits et contenus dans les bérats qui renferment les conditions anciennes des patriarches et de leurs fondés de pouvoirs, priviléges, immunités et concessions donnés aux ecclésiastiques des sujets fidèles de mon empire qui se trouvent dans la nation (*ici le nom de la communauté*), par mes illustres et magnanimes ancêtres, et reconnus et admis par moi.

« En confirmant de nouveau et annonçant ma haute volonté impériale, cet *iradé* décisif et plein de justice a été émané pour qu'on s'y conforme et qu'on sache que ceux qui agiront contrairement seront exposés à ma colère impériale. Les employés nécessaires en ont été informés pour qu'il n'y ait point lieu d'excuse au cas où ils commettraient quelque négligence. L'exécution complète et exacte en étant mon haut but souverain, afin de le confirmer et annoncer, mon firman supérieur a été émané de mon Divan impérial. Et toi qui es ce patriarche, quand tu en auras pris connaissance, tu agiras et tu te conduiras toujours suivant mon ordre supérieur, et tu t'abstiendras d'agir contrairement. S'il arrive rien qui soit contraire à ce décret décisif, tu te hâteras d'en faire part immédiatement à ma Sublime Porte. Sache-le ainsi, et ajoute foi à mon chiffre impérial. »

IV.

C'étaient là des actes sérieux. Ce firman, cette fidélité de la Porte à remplir l'engagement qu'elle avait pris envers une religion longtemps opprimée, annonçaient un changement notable dans les idées, dans les mœurs même de la race conquérante. Les rayas comprirent qu'une révolution morale s'accomplissait autour d'eux, qui aurait sur leur destinée une influence décisive. Leur jour arrivait. Ils entrevirent l'affranchissement et en reçurent avec reconnaissance les prémices.

L'Europe non plus ne se trompa pas sur les dispositions du sultan Abdul-Medjid. Son évidente bonne foi dans ses actes intérieurs et extérieurs, sa fermeté en face d'un voisin redoutable, étaient pour elle des gages précieux d'indépendance et de véritable intelligence politique. Elle sentit que les États civilisés pouvaient compter sur cet homme dont tous les efforts tendaient à faire entrer son peuple au concert de la civilisation.

Une seule puissance voyait avec dépit cet accord progressif des États occidentaux avec la Porte ottomane, et de celle-ci avec ses sujets chrétiens. Après tant d'intrigues si habilement dirigées contre l'existence de la Turquie, il était dur de la voir se relever vivace et protégée, plus dur encore de sentir échapper, sans retour peut-être, ce levier puissant de la religion qui devait briser, au profit de Saint-Pétersbourg, le trône de Stamboul.

Le tzar s'empressa de mêler sa voix discordante à cet ensemble d'acclamations qui, de toute part, arrivait au jeune sultan. Ce fut sous la forme *d'un dernier avertissement* qu'il crut devoir signaler à la Porte le danger au-

quel elle s'exposait en faisant le bonheur de ses peuples sans l'agrément de la Russie. Le chancelier, M. de Nesselrode, chargé de transmettre au Divan les injonctions de Nicolas, s'en acquitta cette fois de ce ton rogue et péremptoire qui décèle la dictée de l'autocrate. Sa lettre à Reschid-Pacha offre un singulier mélange d'admonestations et de menaces.

« Mettez, écrivait-il sous la date du 31 mai, mettez, monsieur, sous les yeux de Sa Hautesse, la situation réelle des choses, la modération et la justice des demandes de la Russie, la très-grande offense que l'on fait à l'empereur en opposant à ses intentions si constamment amicales et généreuses une méfiance sans motif et des refus sans excuse.

« La dignité de Sa Majesté, les intérêts de son empire, la voix de sa conscience, ne lui permettent pas d'accepter des procédés pareils en retour de tous ceux qu'elle a eus et qu'elle désire encore avoir pour la Turquie. Elle doit chercher à en obtenir la réparation et à se prémunir contre leur renouvellement à l'avenir.

« Dans quelques semaines, les troupes recevront l'ordre *de passer les frontières de l'empire*, non pas pour faire la guerre qu'il répugne à Sa Majesté d'entreprendre contre un souverain qu'elle s'est toujours plu à considérer comme un allié sincère, mais pour avoir des garanties matérielles jusqu'au moment où, ramené à des sentiments plus équitables, le gouvernement ottoman donnera à la Russie les sûretés morales qu'elle a demandées en vain depuis deux ans par ses représentants à Constantinople, et en dernier lieu par son ambassadeur. Le projet de note que le prince Menschikoff vous a remis se trouve entre vos mains; que Votre Excellence se hâte, après avoir obtenu l'assentiment de Sa Hautesse le sultan, de signer cette note *sans variantes* et de la transmettre au plus tôt à notre ambassadeur à Odessa, où il doit se trouver encore.

« Je souhaite vivement que, dans ce moment décisif, le conseil que j'adresse à Votre Excellence, avec la confiance que ses lumières et son patriotisme m'inspirent, soit apprécié par elle comme par ses collègues du Divan, et que, dans l'intérêt de la paix, que nous devons être tous également désireux de conserver, il soit suivi *sans hesitation ni retard*. »

Cette dépêche formulait enfin le but des armements de la Russie. Jusqu'alors on les avait niés, puis expliqués en les atténuant; on s'était même plaint des bruits exagérés qui couraient sur le nombre et la destination des troupes rassemblées en Bessarabie. Aujourd'hui on annonçait hautement l'entrée de ces troupes dans les États ottomans, et l'occupation des deux principautés danubiennes. A la vérité l'invasion n'aurait pas lieu *pour faire la guerre* au sultan. Telles n'étaient pas, à beaucoup près, les intentions du tzar, dont l'affection paternelle pour son ami Abdul-Medjid est connue du monde entier. Non; il ne voulait que ramener la Porte à de meilleurs sentiments, et se donner à lui-même *des garanties matérielles* jusqu'à ce qu'il pût obtenir du gouvernement turc *les sûretés morales* qu'il avait si longtemps sollicitées.

On n'est pas plus bénignement avisé. Grippeminaud, le bon apôtre, est dépassé : il n'a point eu l'idée sublime de prendre des *garanties matérielles* sur la souris pour arriver *à la sûreté morale* de la croquer.

Une telle dépêche donnait beau jeu au ministère ottoman. Reschid-Pacha eut le bon esprit d'y répondre dans les termes les plus modérés, en mettant de son côté le double avantage du fond et de la forme.

Il exprime d'abord les profonds regrets du sultan au sujet de l'interruption survenue dans les rapports diplomatiques entre lui et son auguste allié. Il reconnaît hautement les intentions généreuses de l'empereur de Russie, et ne met pas en doute le moins du monde la sagesse de son dernier ambassadeur, le prince Menschikoff. Il explique seulement que la Turquie s'est vue obligée de repousser, comme attentatoire à l'autonomie ottomane, les propositions de celui-ci, et réfute en quelques mots toutes ces imputations si vagues, si erronées, d'outrage à l'honneur de la Russie, d'offense à la personne de l'empereur, que Menschikoff a mises en avant, et que reproduit encore M. de Nesselrode. Il établit que la Porte ottomane, en défendant son indépendance attaquée, ne peut avoir eu l'intention d'offenser personne. Revenant à la question spéciale d'où est sorti le différend actuel, il rappelle les immunités qui de tout temps ont été accordées par la Porte aux rayas, et que tout récemment elle avait offert de confirmer et d'étendre. Puis il se donne le plaisir d'annoncer à la cour de Russie que cette offre vient de recevoir spontanément sa pleine et entière réalisation par le *firman impérial* remis aux rayas et accepté par eux six jours avant la

Bataille d'Oltenitza.

date de la dépêche de M. de Nesselrode. Arrivant enfin à la déclaration du passage des frontières ottomanes par les troupes russes, il continue ainsi dans les termes les plus conciliants quoique avec une suffisante fermeté.

« La dépêche reçue de la part de Votre Excellence parle de faire passer les frontières aux troupes russes. Cette déclaration est incompatible avec les assurances de paix et de bon vouloir de Sa Majesté l'empereur. Elle est, en vérité, si contraire à ce que l'on est en droit d'attendre de la part d'une puissance amie, que la Porte ne saurait comment l'accepter. Les préparatifs militaires et les travaux de défense ordonnés par la Porte, ainsi qu'elle l'a déclaré officiellement aux puissances, ne sont donc nécessités que par les armements considérables de la Russie. Ils ne constituent qu'une mesure purement défensive. Le gouvernement du sultan, n'ayant aucune intention hostile contre la Russie, exprime le désir que les anciennes relations que Sa Majesté regarde, d'ailleurs, comme si précieuses, et dont les nombreux avantages sont manifestes pour les deux parties, soient rétablies dans leur état primitif. J'espère que la cour de Russie appréciera avec un sentiment de confiante considération les intentions sincères et loyales de la Sublime Porte, et tiendra compte de l'impossibilité réelle où elle se trouve de déférer aux désirs qui lui ont été exprimés. Que cette impossibilité soit appréciée comme elle mérite de l'être, et la Sublime Porte, je puis l'assurer à Votre Excellence, n'hésitera pas à charger un ambassadeur extraordinaire de se rendre à Saint-

Pétersbourg pour y renouer les négociations, et chercher, de concert avec le gouvernement de Sa Majesté l'empereur de Russie, un accommodement qui, tout en étant agréable à Sa Majesté, serait tel, que la Porte pourrait l'accepter sans porter aucune atteinte, soit aux bases de son indépendance, soit à l'autorité souveraine de Sa Majesté le sultan.

« Votre Excellence peut tenir pour certain que, pour ma part, j'appelle ce résultat de tous mes vœux ; j'aime à croire que, de son côté, il en est de même. »

Tout en se préparant à la guerre, qu'elle savait être au fond de la pensée du tzar, la Porte essayait, comme on voit, un dernier moyen de conserver la paix. Elle offrait d'envoyer à Saint-Pétersbourg un ambassadeur extraordinaire chargé d'accorder à Nicolas toutes les satisfactions compatibles avec l'honneur et la sûreté de la Turquie.

Mais rien ne pouvait changer les desseins du tzar. Il se croyait parvenu au moment de les accomplir. Les conventions de Kaïnardgi en 1774, de Bucharest en 1812, d'Andrinople en 1829, d'Unkiar-Skelessy en 1833, de Balta-Liman en 1849, n'étaient que des jalons plantés sur cette route, dont le terme apparaissait maintenant si proche à l'ambition moscovite. Un dernier bond et elle allait enfin

Passage du Danube.

dévorer sa proie. Ce fut avec les détours calculés du tigre qu'elle s'y disposa.

Comme il s'agissait, avant tout, de donner le change à l'Europe, M. de Nesselrode adressa une longue circulaire aux ministres et agents de la Russie à l'étranger, qui eurent ordre de la publier, dans laquelle il exposait à sa manière l'origine du différend, la patience de son maître, sa générosité, son désintéressement, l'imprudence et l'obstination de la Turquie encouragée dans sa résistance par les malveillantes excitations de certains diplomates européens.

Cette circulaire donna lieu à la réponse si pleine de fermeté digne et de remarquable justesse de M. Drouyn de Lhuys.

« Paris, le 25 juin 1853.

« Le cabinet de Saint-Pétersbourg, en livrant à la publicité la dépêche-circulaire que M. le comte de Nesselrode vient, par ordre de S. M. l'empereur Nicolas, d'envoyer à toutes les légations de la Russie à l'étranger, a donné à ce document la valeur d'un manifeste adressé à l'Europe elle-même ; aussi ai-je pensé qu'il était nécessaire de vous faire part des réflexions générales que sa lecture m'a suggérées.

« Je remarquerai tout d'abord que, de l'exposé même du différend de la Russie avec la Porte, tel que le représente M. le comte de Nesselrode, il résulte que la mission de M. le prince Menschikoff à Constantinople n'avait qu'un but, le règlement des difficultés relatives au partage des saints lieux de Jérusalem entre les diverses communions chrétiennes, et que ce but a été rempli à la satisfaction du cabinet de Saint-Pétersbourg. La question qui se débat aujourd'hui est donc toute nouvelle; elle ne se rattache par aucun côté à celle de Jérusalem, et elle touche, par tous, à l'indépendance et à la souveraineté du sultan. C'est le jugement qu'en ont déjà porté, à Constantinople même, les représentants de la France, de l'Autriche, de la Grande-Bretagne et de la Prusse.

« Comment prétendre, en effet, que, pour garantir aux chrétiens du rite oriental la possession de quelques sanctuaires déterminés, il faille les couvrir, dans toute l'étendue de l'empire ottoman, d'une protection officielle qui substituerait l'autorité morale de l'empereur de Russie à celle qui revient légitimement au Grand-Seigneur? Quelle corrélation existe-t-il entre deux faits si différents, et en quoi le plus important pourrait-il être considéré comme un appendice, comme une conséquence nécessaire de celui qui l'est le moins?

« A l'appui de ses prétentions, le cabinet de Saint-Pétersbourg invoque ses anciens traités avec la Porte, rappelle des analogies historiques et fait valoir des griefs. Ce sont, monsieur, ces trois ordres d'arguments que je me propose de passer en revue aussi succinctement que possible.

« Quand on examine les traités que la Russie a conclus avec la Turquie, on voit que, si elle a quelquefois stipulé pour des sujets du sultan, ces derniers appartenaient, soit à des provinces que les chances de la guerre avaient momentanément fait perdre à la Porte, et à la rétrocession desquelles des conditions pouvaient être posées, soit à des provinces qui, pendant la durée des hostilités, s'étaient compromises envers le gouvernement ottoman, et que la politique et l'humanité commandaient de protéger contre son ressentiment.

« Aucune de ces stipulations n'a le caractère de généralité qu'on essaye aujourd'hui de leur attribuer, et le traité de Kutchuk-Kaïnardji, notamment, ne confère à la Russie qu'un droit de protection limité et défini sur une église desservie par des prêtres russes, qu'il était question de fonder dans le faubourg de Galata. Cela ne veut pas dire, assurément, que, dans la pratique et par la force des choses, le cabinet de Saint-Pétersbourg n'ait été naturellement amené à s'intéresser pour les chrétiens du rite grec, qui forment, dans la Turquie d'Europe, la majorité de la population. Mais, si la Porte, de son côté, a dû tenir compte des sympathies de la Russie pour l'Église d'Orient, elle n'a pas, jusqu'à présent, souscrit d'engagement qui lui ôtât le mérite de sa tolérance et lui imposât, au lieu de devoirs librement remplis à l'égard de ses propres sujets, des obligations envers une puissance étrangère. C'est là que réside toute la question, et en énoncer simplement les termes, c'est en démontrer déjà toute l'importance.

« Les analogies auxquelles se réfère la circulaire de M. le comte de Nesselrode s'appliquent-elles mieux à la situation présente?

« S'il est survenu entre les princes du saint empire, à l'époque de la réforme, des pactes relatifs à l'exercice du culte nouveau dans leurs possessions, faut-il rappeler, d'abord, que cet empire était une association d'États régie par un même chef, et, ensuite, que les transactions dont on parle ont été le résultat de longues guerres intestines ou de combinaisons politiques dans lesquelles le caractère électif de la dignité impériale exerçait nécessairement une grande influence?

« Quant à nos capitulations avec la Turquie, monsieur, vous savez qu'elles ne nous ont jamais donné un droit de protection sur les sujets catholiques du sultan. Si la France a pu rendre à cette fraction minime de la population ottomane des services du genre de ceux que la Russie s'honore elle-même d'avoir rendus à ses coreligionnaires, sa protection directe et officielle ne s'est jamais exercée que sur des établissements étrangers desservis par des prêtres également étrangers, et dont le chef spirituel réside à Rome. La protection de la Russie, au contraire, s'appliquerait à un clergé composé de sujets du sultan et soumis hiérarchiquement à un patriarche qui dépend aussi de la Porte. Il n'y aurait donc aucune assimilation possible entre la position des deux puissances.

« Je consigne ici, du reste, un important passage d'un mémoire de M. le comte de Saint-Priest, ambassadeur du roi Louis XVI à Constantinople, de 1768 à 1785, et qui détermine nettement le caractère de notre protectorat. Voici comment s'exprime M. le comte de Saint-Priest :

« On a décoré le zèle de nos rois de l'expression de « protection de la religion catholique dans le Levant; « mais elle est illusoire et sert à égarer ceux qui n'appro-« fondissent pas la chose. Jamais les sultans n'ont eu seu-« lement l'idée que les monarques français se crussent « autorisés à s'immiscer dans la religion des sujets de la « Porte. Il n'y a point de prince, dit fort sagement un de « mes prédécesseurs, M. le marquis de Bonnat, dans un « mémoire sur cette matière, quelque étroite union qu'il « ait avec un autre souverain, qui lui permette de se mê-« ler de la religion de ses sujets.Les Turcs sont aussi « délicats que d'autres là-dessus.

« Il est aisé de comprendre que la France, n'ayant « jamais traité avec la Porte qu'à titre d'amitié, n'a pu « lui imposer des obligations odieuses de leur nature ; « aussi le premier point de mes instructions me prescri-« vait d'éviter tout ce qui pourrait causer de l'ombrage à « la Porte en donnant trop d'extension aux capitulations « en matière de religion. »

« Cette citation me dispense de toute autre explication sur un point qu'elle éclaire avec une si incontestable autorité.

« Ainsi donc, monsieur, ni les anciens traités, ni les analogies que l'on invoque ne peuvent servir de bases aussi solides qu'on le pense aux prétentions du cabinet de Saint-Pétersbourg.

« Reste la question des griefs. Ce que la Russie reproche à la Porte, c'est un manque de procédés. Chaque gouvernement, sans doute, est le seul juge des exigences de sa dignité; mais il faut cependant que la réparation demeure toujours proportionnée à l'offense. Or, des excuses ou des regrets constituent ordinairement la réparation d'un tort de forme ; c'est pour la première fois que l'on voit exiger d'un souverain, dans un cas semblable, l'abandon de son influence morale sur la plus notable partie de ses sujets.

« J'ajouterai que, si la Russie fait à la Porte un grief de ses tergiversations dans l'affaire des lieux saints, la France ne serait pas moins fondée à lui adresser les mêmes reproches, et que, si elle s'en est abstenue, c'est qu'elle a pris en considération les embarras d'une puissance qui, entraînée par deux courants opposés et d'une force égale, ne croyait pouvoir garder son équilibre qu'en contractant tour à tour des obligations contradictoires.

« Le même esprit de modération a porté le gouvernement de Sa Majesté Impériale à tenir compte de la différence des temps, des changements opérés depuis un siècle dans les rapports des diverses puissances, et de la Russie en particulier, avec l'empire ottoman ; et, bien que nous puissions alléguer, à l'appui des réclamations des pères de Terre-Sainte, les clauses d'un traité formel, nous n'avons rien demandé qui dût priver les Grecs des avantages que les événements avaient placés entre leurs mains ; loin de là, nous avons consenti à ce qu'on leur ouvrit un sanctuaire, celui de la mosquée de l'Ascension, dont l'accès leur était interdit, et que les efforts tout récents d'un ambassadeur de France, M. l'amiral Roussin, avaient, en partie, restitué au culte chrétien. Quant à cette clef de la grande porte de l'église de Bethléem dont on a tant parlé, on a seulement oublié de dire que les Grecs en possédaient une toute semblable, et que celle des Latins, loin de leur assurer la propriété d'un temple toujours réservé à l'autre communion, ne leur accordait qu'un simple droit de passage. On n'a pas rappelé non plus qu'en réparation de l'oubli d'une promesse donnée à la légation de Russie par le Divan, quand l'ambassade de France en recevait une différente, l'un des deux firmans destinés à régler la question des lieux saints a concédé, sur la demande de M. le prince Menschikoff, au patriarche grec de Jérusalem, la surveillance exclusive des travaux de reconstruction qu'exige l'état de la grande coupole de l'église du Saint-Sépulcre.

« Tous ces faits, monsieur, s'ils ne peuvent pas plus invalider nos titres, sous peine du renversement des principes généralement reconnus du droit public, que ne le ferait même un traité conclu sans notre participation, constituent, néanmoins, autant de dérogations plus ou moins importantes, sinon aux récents engagements de la Porte envers nous, que notre dignité nous imposait le devoir de faire respecter intégralement, du moins au texte précis de nos capitulations de 1740. Si donc ses intentions eussent été moins conciliantes, s'il n'eût été pénétré de cette idée qu'aucune des parties contractantes de la convention du 13 juillet 1841 ne pouvait user de tous les droits antérieurs à cette transaction européenne sans courir le risque de compromettre le repos que la garantie collective des puissances a eu pour but d'assurer à l'empire ottoman, le gouvernement de Sa Majesté Impériale aurait eu la pleine faculté, non-seulement d'opposer des réserves, qui sont d'un usage constant en diplomatie, mais de faire à son tour entendre des menaces.

« C'est une tout autre ligne de conduite que la France a suivie, et la modération dont elle a fait preuve, outre qu'elle lui ôte toute part de responsabilité dans la crise actuelle, lui donne également le droit d'espérer que les sacrifices qu'elle a faits pour le maintien de la tranquillité en Orient ne seront pas perdus, et que le cabinet de Saint-Pétersbourg, mû par des considérations analogues, saura enfin trouver un moyen de concilier ses prétentions avec les prérogatives de la souveraineté du sultan, et trancher, autrement que par la force, un différend dont tant d'intérêts attendent aujourd'hui la solution. »

La comparaison de ce document avec le document russe produisit une vive sensation dans toute l'Europe, et sur-

tout en Angleterre, où l'opinion publique commençait à réagir fortement contre la Russie.

« Si la circulaire du comte de Nesselrode est authentique, s'écria lord Lindhurst, à la chambre des lords, je n'hésite pas à déclarer que c'est un des documents *les plus fallacieux, les plus illogiques, les plus offensants et les plus insultants* que j'aie jamais eu le malheur de lire. »

Le cabinet, tout en partageant cette manière de voir, crut cependant inutile de faire à la Russie une réponse en règle ; mais il avait depuis longtemps renforcé son escadre de Malte, et il se préparait en silence, selon l'habitude de l'Angleterre, aux mesures décisives qu'allait exiger la situation.

Quant à la Porte ottomane, elle différa sa réponse jusqu'à ce qu'elle eût reçu la nouvelle positive de l'invasion des Russes en Moldavie. Elle n'attendit pas longtemps.

Le tzar préparé de longue main à cette invasion, lança le manifeste suivant, qui parut le 27 juin dans *la Gazette de Saint-Pétersbourg.*

VII.

Manifeste (1er) de l'empereur Nicolas. — Passage du Pruth par l'armée russe.

« Par la grâce de Dieu, Nous, Nicolas Ier, empereur et autocrate de toutes les Russies, etc., etc., etc.

« Savoir faisons :

« Il est à la connaissance de nos fidèles et bien-aimés sujets que, de temps immémorial, nos glorieux prédécesseurs ont fait vœu de défendre la foi orthodoxe.

« Depuis l'instant où il a plu à la divine Providence de nous transmettre le trône héréditaire, l'observation de ces devoirs sacrés qui en sont inséparables a constamment été l'objet de nos soins et de notre sollicitude. Basés sur le glorieux traité de Kaïnardji confirmé par les transactions solennelles conclues postérieurement avec la Porte ottomane, ces soins et cette sollicitude ont toujours eu pour but de garantir les droits de l'Église orthodoxe.

« Mais, à notre profonde affliction, malgré tous nos efforts pour défendre l'intégrité des droits et priviléges de notre Église orthodoxe, dans ces derniers temps de nombreux actes arbitraires du gouvernement ottoman ont porté atteinte à ces droits et menaçaient enfin d'anéantir complètement tout l'ordre de choses sanctionné par les siècles, et si cher à la foi orthodoxe.

« Nos efforts pour détourner la Porte d'actes semblables sont restés infructueux, et même la parole solennelle que le sultan nous avait donnée en cette occasion n'a pas tardé à être violée.

« Après avoir épuisé toutes les voies de la persuasion et tous les moyens d'obtenir à l'amiable la satisfaction due à nos justes réclamations, nous avons jugé indispensable de faire entrer nos troupes dans les principautés danubiennes, afin de montrer à la Porte où peut la conduire son opiniâtreté. Toutefois, même à présent, notre intention n'est point de commencer la guerre ; par l'occupation des principautés, nous voulons avoir entre les mains un gage qui nous réponde en tout état de cause du rétablissement de nos droits.

« Nous ne cherchons point de conquêtes ; la Russie n'en a pas besoin. Nous demandons qu'il soit satisfait à un droit légitime si ouvertement enfreint. Nous sommes prêts, même dès à présent, à arrêter le mouvement de nos troupes, si la Porte ottomane s'engage à observer religieusement l'intégrité des priviléges de l'Église orthodoxe. Mais, si l'obstination et l'aveuglement veulent absolument le contraire, alors, en appelant Dieu à notre aide, nous nous en remettrons à lui du soin de décider de notre différend, et, plein d'espoir en sa main toute-puissante, nous marcherons à la défense de la foi orthodoxe.

« Donné à Peterhoff le quatorzième jour (26) du mois de juin de l'an de grâce 1853, et de notre règne le vingt-huitième.

« Signé : NICOLAS. »

Ce manifeste ne marquait qu'une date, le passage de l'action diplomatique à l'action militaire. Mais il se distinguait des actes précédents par le caractère de fanatisme que le tzar allait donner à la guerre.

Un autre tzar, il y a cent quarante ans environ, adressait, non pas à l'Europe, non pas même au sultan, mais à un simple général turc, cette lettre écrite sur les lieux mêmes où s'exercent aujourd'hui les ravages de l'armée russe.

« Très-illustre et très-noble général, mon intention n'a jamais été de donner aucun sujet de mécontentement au Grand-Seigneur, et j'ai toujours regardé comme un honneur particulier d'être son ami et son allié. En mettant sur pied une armée, je n'ai eu aucun dessein ni contre lui ni contre les provinces de sa domination. Je n'ai songé à autre chose qu'à mettre à l'abri les frontières de mes États. Si quelqu'un lui a donné de moi une autre impression, et si, contre mon attente, *j'ai le malheur d'avoir déplu à Sa Hautesse*, dans ce moment je suis prêt à réparer les sujets de plainte qu'elle pourrait avoir contre moi.

« Très-noble général, je vous prie très-instamment de m'accorder une suspension d'armes pour quelques jours. Je vous enverrai un officier de mes troupes en otage. *Je vous donne ma parole de tzar*, par cette lettre signée de ma main et cachetée du grand sceau, que vous me trouverez très-disposé à donner sur-le-champ à Sa Hautesse toute la satisfaction qu'elle pourra exiger sur les principaux griefs qui ont donné lieu à la présente guerre.

« Vous pouvez, très-noble général, en terminant cette guerre dans sa naissance par UNE PAIX ÉTERNELLE, immortaliser la gloire de votre nom et rendre en même temps à l'empire ottoman un service des plus considérables.

« A l'égard des conditions, *je vous en laisse le maître*, me persuadant que *votre générosité* ne vous permettra pas de me prescrire des lois injustes ou de former d'autres prétentions que celles qui ont été exprimées dans la déclaration de guerre de Sa Hautesse.

« JE VOUS CONJURE, très-noble général, d'empêcher qu'il ne soit répandu plus de sang, *et je vous prie de faire cesser dans ce moment le feu excessif de votre artillerie*. J'ai ordonné à mes troupes de ne plus commettre d'hostilités.

Reschid-Pacha.

« Recevez l'otage que je viens de vous envoyer. J'invoque le Tout-Puissant pour qu'il répande sur vous, très-illustre, très-noble et très-magnifique général, sa divine bénédiction, afin que l'univers entier vous rende les honneurs qui vous sont dus.

« Donné en notre camp sur le Pruth, le 11 (21) juillet 1711. »

Cette lettre était signée : Pierre Ier; c'était ainsi que s'exprimait, dans une situation dangereuse, l'heureux vainqueur de Charles XII.

Pierre, comme aujourd'hui son petit-fils, avait attaqué les Ottomans sans déclaration de guerre, sans autre motif que l'ambition dévorante qui dès lors portait la Russie à chercher de continuels agrandissements aux dépens de ses voisins. Mais le grand-vizir avait enveloppé toute l'armée moscovite, qu'il pouvait détruire jusqu'au dernier homme. Il fut clément, il fut *généreux*, il céda aux sollicitations d'un ennemi dans le malheur. Le successeur de Pierre paye aujourd'hui la dette de la reconnaissance.

Pierre avait conduit son armée en personne; il la commandait lui-même. Du fond de son palais, Nicolas envoie à la sienne l'ordre de fondre sur la Turquie. Ses volontés sont à l'instant exécutées, le passage du Pruth s'effectue le 2 juillet 1853, et les Russes envahissent les principautés danubiennes.

CHAPITRE· V.

LES HOSTILITÉS.

I.

Opérations militaires. — Les Russes passent le Pruth. — Dispositions des Roumains. — Occupation des deux principautés par le tzar.
— Protestation de la Porte ottomane.

Nous avons dit que les troupes russes, cantonnées en Bessarabie, s'étant mises en marche à la voix du tzar, avaient franchi le Pruth le 2 juillet 1853. L'opération s'était faite sans difficulté. Les Turcs n'avaient aucune force militaire sur la rive gauche du Danube. Les Roumains, dépourvus d'organisation militaire, ne pouvaient songer à la résistance ; ils sont accoutumés depuis longtems à voir les armées moscovites sillonner à leur gré le territoire moldovalaque. Mais les continuelles invasions de la Russie sont loin de lui avoir concilié l'affection des habitants. L'approche des Russes répandit partout la terreur.

A peine leur marche fut-elle connue, que la population s'enfuit dans les montagnes avec ce qu'elle avait de plus précieux. Le désert se faisait devant les Russes. Les paysans enfouissaient leurs grains, se cachaient dans les forêts ou s'en allaient chercher un refuge de quelques

Drouyn de Lhuys.

jours dans les villes, à Jassy, à Bucharest. Tremblantes, éperdues, celles-ci, trop sûres de leur sort, attendaient dans la stupeur, comme le patient attend la hache qu'il ne peut éviter.

Quelques boyards se distinguaient seuls de leurs concitoyens par leur attitude servile. Ce n'est pas en vain que l'administration russe a si souvent occupé ces provinces. Elle devait y porter ses habitudes policières et sa corruption. Lorsqu'elle se retire, le consul général de Russie ou l'agent quel qu'il soit qu'il plaît au tzar de laisser à Jassy ou à Bucharest, reprend l'œuvre en sous-ordre. On travaille les classes les plus accessibles ; on s'y fait à prix d'or quelques partisans ; l'intrigue en grossit le nombre, et sous la plume habile des diplomates de Saint-Pétersbourg cela devient quelque jour, aux yeux de l'Europe, une sorte de parti national dont ils font miroiter la figure, selon les calculs de leur politique.

La Porte répondit avec modération au manifeste de Nicolas. L'événement ne la prenait pas tout à fait au dépourvu. Les mouvements de l'armée russe en Bessarabie, et l'ambassade de Menschikoff l'avaient avertie suffisamment. Mais ses ressources disponibles étaient loin de répondre aux besoins du moment. Elle n'était point préparée à une guerre immédiate, et il lui fallait quelque temps encore pour organiser la résistance sur une échelle proportionnée à la force de l'attaque.

Son manifeste se ressentit naturellement de cette situation. On l'a trouvé faible parce qu'on l'a jugé avec le sentiment d'irritation produit généralement par l'injustice et la brutalité de l'agresseur. Nous n'y voyons aujourd'hui qu'une prudence excessive, peut-être, mais qui n'exclut pas la dignité.

« La Sublime Porte, dit ce document, vient d'apprendre officiellement que l'armée russe a passé le Pruth et qu'elle est entrée dans la Moldavie avec l'intention d'occuper aussi la Valachie.

« Ce mouvement, opéré sans son concours sur une partie intégrante de son empire, a dû lui causer autant de peine que de surprise.

« Il lui est pénible de voir les habitants de ces provinces loyales et tranquilles exposés à toutes les chances d'une occupation militaire ; il lui est difficile de concilier une telle agression avec les déclarations pacifiques et les assurances amicales que le cabinet de Saint-Pétersbourg a tant de fois réitérées ; il lui est encore plus difficile de ne pas s'étonner d'une opération qui porte atteinte aux principes établis dans le traité de 1841.

« La Sublime Porte, en exprimant les sentiments que lui fait éprouver cet événement, ne peut se dispenser de mettre dans leur vrai jour quelques circonstances auxquelles les ministres de S. M. Impériale se sont efforcés en vain de donner une conclusion telle que la leur faisait désirer leur amour de la justice et de la tranquillité. »

Partant de là, le manifeste rétablit d'abord la question religieuse dans ses véritables termes, embrouillés à dessein par les publications moscovites. Il rappelle ensuite la dernière ambassade du tzar, les procédés extraordinaires de son agent diplomatique, ses exigences incompatibles avec l'autonomie musulmane et d'ailleurs prévenues par les concessions émanées du sultan lui-même.

« Nonobstant, dit-il, certaines modifications, soit dans les termes, soit dans la forme, la demande de l'ambassadeur russe demeurait finalement inadmissible..., tandis que, d'un autre côté, elle devenait, sans objet réel, par suite des garanties solennelles données spontanément par le souverain lui-même à la face du monde entier....

. . . .

« Il est d'une évidence incontestable que l'indépendance d'un État souverain est nulle si parmi ses attributions il n'existe pas celle de refuser, sans offense, une demande que les traités n'autorisent point et dont l'acceptation serait en même temps superflue quant à son objet ostensible, et non moins humiliante que nuisible à la haute partie qui s'en excuse. »

Rappelant les priviléges accordés volontairement par ses ancêtres aux rayas des religions chrétiennes et autres, le sultan déclarait que c'était pour lui un point d'honneur de les maintenir dans le présent et l'avenir, et en même temps un devoir que lui imposait son système plein de sollicitude pour ses sujets. « Les firmans qui viennent d'être promulgués et qui confirment les priviléges et les immunités de toutes les religions, témoignent suffisamment des intentions de la Sublime Porte à cet égard ; de manière que, sans le moindre doute, une intervention étrangère n'est point du tout nécessaire à cet effet. »

« Cependant, ajoutait le manifeste, puisque la cour de Russie a conçu, quel qu'en puisse être le motif, des soupçons par rapport à ces priviléges religieux, et que la religion grecque est celle de l'auguste empereur et d'une grande partie de ses sujets, la Sublime Porte, mue par ces considérations, comme aussi par déférence pour les relations amicales qui existent encore entre les deux puissances, ne recule pas devant la résolution de donner à ce sujet des assurances suffisantes. »

Mais quant à l'ingérence de la Russie dans les affaires intérieures de l'empire à l'occasion de ces mêmes priviléges, le manifeste la repoussait formellement aussi bien que les raisons par lesquelles le gouvernement russe prétendait justifier le passage du Pruth. La fin de cette pièce est remarquable par l'attitude conciliatrice qu'y conserve la protestation de la Porte et par les offres d'entente cordiale qu'elle réitère, lors même qu'elle n'a plus d'espoir de les voir accepter.

« Les traités conclus entre la Sublime Porte et la cour de Russie concernant les deux principautés n'autorisent en aucune manière l'envoi, de la part de la Russie, de troupes dans ces deux pays, et l'article y relatif, qui se trouve dans le sened de Balta-Liman, est subordonné au cas où éclateraient des troubles internes ; ce qui n'est nullement le cas dans la circonstance actuelle.

« Le fait est que ce procédé agressif de la part de la Russie ne saurait être, en principe, considéré autrement que comme une déclaration de guerre, donnant à la Sublime Porte le droit incontestable d'employer en revanche la force militaire. Mais la Sublime Porte est loin de vouloir pousser ses droits à l'extrême. Forte de la justice qui règle sa politique envers les puissances, elle préfère les réserver, dans l'attente du retour spontané de la Russie à une manière d'agir plus conforme à ses déclarations. C'est dans le but d'écarter tout obstacle à ce retour qu'elle se borne, pour le moment, à protester contre l'agression dont elle a bien le droit de se plaindre. Elle croit offrir, par ce moyen, au monde entier une nouvelle preuve de la modération du système qu'elle a adopté dès le commencement de cette affaire. Elle s'abstient de tout acte hostile ; mais elle déclare qu'elle ne consent en aucune manière à ce que l'on fasse entrer de temps en temps des troupes dans les provinces de Moldavie et de Valachie, qui sont partie intégrante de l'empire ottoman, en les regardant comme une maison sans maître.

« Elle proteste donc formellement et ouvertement contre cet acte, et dans la conviction que les puissances signataires du traité de 1841 ne donneraient pas leur assentiment à une pareille agression, elle leur a fait un exposé des circonstances et garde en attendant une attitude armée pour sa défense.

« Pour en venir à la conclusion, elle répète que S. M. le sultan est toujours désireux d'aller au-devant de toute réclamation fondée de la cour de Russie, ce dont il a déjà donné maintes preuves, et est prêt à redresser tout grief concernant les affaires religieuses dont pourraient avoir à se plaindre ses sujets grecs ; que réparation a été faite par rapport aux lieux saints, que cette question a été résolue à la satisfaction de la Russie, et que la Sublime Porte n'hésite pas à offrir des assurances plus explicites, afin de confirmer l'arrangement qui a été fait au gré de toutes les parties.

« Constantinople, le 2 (14) juillet 1853 (8 cheval 1269). »

Cette pièce, qui contrastait si bien par sa modération et sa logique avec l'arrogance des publications russes, était bien propre à gagner au sultan les sympathies des peuples et des cabinets. Elle eut, sous ce double rapport, un succès réel.

II.

Impression produite par l'invasion des principautés. — Conduite des Russes dans les deux provinces.

Les deux grandes puissances alliées de la Turquie n'allaient pas tarder à dessiner leur attitude protectrice.

Dès le 20 mars, l'escadre française, sous les ordres du vice-amiral La Susse, avait été dirigée de Toulon sur Salamine. La flotte anglaise de Malte avait été renforcée, et l'amiral Dundas avait l'ordre de se tenir prêt à appareiller.

A la première annonce des intentions du tzar sur les principautés, et sans attendre leur exécution effective, les deux flottes cinglèrent pour les Dardanelles. Vers le milieu de juin, elles mouillaient dans la baie de Bésika, à l'entrée du détroit, n'attendant plus que le signal des ambassadeurs pour arriver à Constantinople et prendre une part active aux événements.

Cette attitude résolue des puissances maritimes donna confiance à la Porte ottomane. Elle se sentit appuyée, et sans sortir de son système de prudence et de modération, elle put donner à ses mesures défensives plus d'ensemble et de nerf.

Malgré les progrès de la *réforme* et les ressources militaires qu'une administration plus éclairée lui a déjà rendues depuis le règne de Mahmoud, la Turquie, il faut le reconnaître, n'est pas en état de lutter seule aujourd'hui contre son puissant voisin.

Vulnérable sur sa double frontière du Pruth et du pachalik d'Erzeroum, elle serait obligée de disséminer ses forces en Europe et en Asie, aux extrémités de l'empire, où probablement son armée naissante soutiendrait difficilement le poids des armées plus nombreuses et plus aguerries de l'autocrate. Celui-ci aurait, en outre, avec sa marine et l'important arsenal de Sébastopol, un troisième moyen d'attaque, dont l'efficacité n'a été que trop bien prouvée dans la guerre de 1828-1829.

Mais la question change de face, lorsqu'au lieu d'avoir affaire à une seule puissance, mal rétablie de ses anciennes blessures, la Russie voit se dresser devant elle le secours actif d'autres puissances européennes. C'est elle alors qui doit songer à se garantir, car elle est obligée de comprimer violemment ces nationalités encore palpitantes sur lesquelles elle a mis le pied, la Pologne, la Lithuanie, la Crimée peut-être; et les généreuses tribus caucasiennes, qu'elle n'a jamais pû soumettre, bouillonnent de nouveau prêtes à déchirer le réseau vingt fois rompu de ses lignes du Terek et du Kouban. Alors le fantôme de sa puissance par terre s'évanouit. La mer même ne lui est plus un avantage mais un danger. Vulnérable à son tour non pas seulement aux extrémités, mais au cœur même de sa domination elle peut voir son ennemi tendre une main aux peuplades indépendantes de l'Orient et de l'Asie par la mer Noire, tandis que de l'autre, il porterait, par la Baltique, la guerre et la ruine jusqu'aux portes de Saint-Pétersbourg.

Sans alliances, en un mot, la Turquie est faible vis-à-vis des Russes; avec des alliés, surtout avec la France et l'Angleterre, elle n'a rien à craindre de l'autocrate et peut lui infliger de justes représailles.

Cette vérité, incomplétement appréciée jusqu'ici des cabinets européens, mais parfaitement sentie des ministres ottomans, explique les condescendances prolongées de la Porte envers la Russie. Elle donne en même temps le secret de son énergie actuelle et nous dit comment il a pu arriver plus tard que, la diplomatie faiblissant, le Divan se soit montré, à un moment donné, plus résolu et mieux avisé que les négociateurs des puissances amies. Nous reviendrons sur ce point, continuons l'exposé des événements.

L'impression produite par l'entrée des Russes dans les principautés ne s'arrêta pas aux populations danubiennes. Elle fut la même dans toute la Turquie. Un mouvement unanime d'irritation souleva partout la race musulmane. Plus leur gouvernement s'était montré modéré, plus les Turcs ressentirent la gravité de l'outrage. L'exaspération fut telle, à Constantinople, qu'on craignit un instant pour la tranquillité publique. Abdul-Medjid a un jeune frère, âgé de seize à dix-sept ans, Abdul-Aziz, que l'on suppose animé de sentiments plus belliqueux que le sultan actuel. Quelques vieux restes du parti janissaire, fanatisés ou feignant de l'être, songèrent un moment, dit-on, à mettre ce jeune homme sur le trône par une de ces révolutions si communes autrefois dans le sérail, et devenues, grâce au ciel, à peu près impossibles aujourd'hui.

Tout se borna heureusement à une démarche d'une centaine d'*ulémas* qui se rendirent en corps auprès du grand vizir, et à des cris de guerre poussés par une réunion d'*imans* et de *softas* (étudiants) sur le passage du sultan, lorsqu'il se rendait à la mosquée de Sainte-Sophie, le premier jour du *courbam-bairam* ou grand carême des musulmans. La Porte, alarmée d'abord, avait renforcé la garnison de Constantinople, doublé les gardes de police, consigné à bord les équipages de la flotte turque, et même appelé, d'accord avec les ambassadeurs de France et d'Angleterre, quatre frégates de la flotte anglo-française, qui aussitôt étaient venues mouiller en face du sérail. Elle put, très-peu de jours après, reprendre le cours de ses délibérations. Mais la démonstration, très-sérieuse au fond, eu égard au caractère habituellement calme et flegmatique des musulmans, eut pour effet de précipiter les décisions et de leur imprimer plus de vigueur.

Au surplus, la conduite des Russes dans les principautés ne pouvait qu'accélérer la rupture définitive. Aux 80 000 hommes qu'ils avaient d'abord jetés en Moldavie s'étaient jointes successivement de nouvelles troupes qui avaient porté à 150 000 hommes l'armée d'occupation et lui avait permis de s'étendre sur toute la rive valaque du Danube. Tout en protestant, comme à l'ordinaire, de leur désintéressement, de leur sincère désir de paix et de conciliation, de la magnanimité, de la modération du tzar, etc., ils agissaient en maîtres dans toute l'étendue des terres roumanes. Leurs officiers, leurs administrateurs parlaient ouvertement d'une extension du territoire russe. Le gouvernement local n'existait plus que de nom. Ils avaient intimé aux hospodars l'ordre d'aller rendre hommage à leur commandant en chef le prince Gortschakoff, et celui-ci avait fait chanter à Bukarest un *Te Deum* en l'honneur de l'impératrice de Russie. Ils s'étaient saisis sans façon des caisses publiques et du tribut destiné à la Turquie. Ils avaient soumis la population à une contribution en nature. S'emparant des grains et autres denrées rurales appartenant aux particuliers, ils les payaient en papier sans échéance ni garantie, *en bons remboursables en temps opportun*. De jeunes boyards, fils des premières familles, ayant manifesté leur mécontentement de ces vexations, on les en punit en les incorporant dans l'armée moscovite pour y servir pendant trois ans comme simples soldats. La milice moldo-valaque avait été en partie désarmée, en partie réunie aux corps d'occupation. En même temps une flottille russe, composée de 150 chaloupes canonnières et de 50 autres bâtiments bien armés, ayant son centre d'opération à Ismaïl, dominait toute la partie inférieure du Danube, où elle interceptait à son gré le commerce.

Les choses en vinrent au point que toute l'administration étant, de fait et d'une manière absolue, passée entre les mains des Russes, nonobstant les déclarations mensongères du comte de Nesselrode qui affirmait (dépêche du 13 juin 1853), qu'aucun changement n'aurait lieu dans *l'administration civile du pays* non plus que *dans les attributions des fonctionnaires*, la Porte dut enjoindre aux hospodars de cesser immédiatement leurs fonctions. Sur la demande formelle des divans de Jassy et de Bucharest, désespérés de rester seuls en présence des Russes, dans les circonstances critiques où ils se trouvaient, ces princes essayèrent, du consentement de la Porte, de différer quelque temps leur départ. Mais la place n'était pas tenable : voyant leur autorité de plus en plus méconnue et réduite enfin à néant, ils s'éloignèrent en donnant provisoirement leur démission.

De tels faits rendaient le dénoûment inévitable et le rapprochaient beaucoup.

Pour parer aux premières éventualités, la Porte avait rassemblé à la hâte sur la ligne des Balkans 60 à 80 000 hommes : elle avait mis cette armée sous les ordres d'Omer-Pacha, qu'elle avait rappelé d'Albanie où l'occupaient les affaires du Monténégro. En lui confiant le commandement de ces troupes et la direction des opérations actives contre les Russes, la Porte avait eu la main heureuse. Faisons connaître ce personnage, qui va jouer un grand rôle dans la suite des événements.

III.

Omer-Pacha.

Né en 1801, d'autres disent en 1806, à Vlaski ou Plaski, bourg situé dans le cercle d'Ogulin en Croatie, Omer-Pacha a passé ses premières années sous la domination de l'Autriche. Son nom de famille est Lattas. Son père était lieutenant administrateur du cercle; son

Bataille de Citaté.

oncle était prêtre de la religion grecque unie. Admis très-jeune à l'école de mathématiques de Turns, près Carlstadt, il y fit ses études avec distinction, et entra ensuite dans le corps des ponts et chaussées, dont l'organisation en Autriche est toute militaire.

Vers 1830, à la suite d'une discussion avec ses chefs, il passa en Turquie et embrassa l'islamisme.

Le nom de renégat, chez les Turcs, est loin de présenter l'idée fâcheuse qui semble s'y attacher parmi nous. Les musulmans honorent plutôt qu'ils ne méprisent l'étranger qui abjure sa religion pour embrasser la leur. Ils l'emploient même de préférence à tout autre s'il fait preuve de capacité. Khosrew-Pacha, qui était alors séraskier ou général en chef, prit le jeune Lattas, devenu le musulman Omer sous sa protection. Bientôt il le fit attacher à la mission du colonel Kinke, chargé avec d'autres militaires prussiens de l'instruction des troupes ottomanes réunies au camp près de Constantinople. C'est à l'état-major du colonel Kinke qu'Omer, utilisant ses anciennes études, a véritablement fait son éducation militaire.

Employé, de 1834 à 1836, dans les provinces danubiennes, pour l'organisation des nouveaux régiments et dans la Bulgarie pour des travaux topographiques, il acquit une profonde connaissance du personnel de l'armée turque et du terrain sur lequel il est appelé à manœuvrer aujourd'hui.

A l'avénement d'Abdul-Medjid, il fut promu au grade

de kaïmacan (lieutenant-colonel). Un an après, en 1841, il fut nommé miralaï (colonel), et, l'année suivante, liva (général de brigade) avec le titre de pacha.

Les troubles de la Syrie et l'insurrection albanaise de 1846 lui fournirent l'occasion d'attirer sur lui l'attention particulière du sultan. Envoyé dans le Kurdistan, il parvint à soumettre cette province, qui s'était presque affranchie de la domination ottomane.

On sait que le feu du janissarisme n'est pas tellement étouffé sous la cendre qu'il n'en jaillisse de temps en temps quelques étincelles. En 1847, une conspiration militaire, tramée par des personnages très-haut placés, couvait à Constantinople. Elle échoua, grâce à l'habileté d'Omer-Pacha. Ce service lui valut le grade de ferik (général de division).

Les événements de 1848 le mirent en contact avec l'élément européen.

La Russie et la Porte ayant cru devoir occuper simultanément la Moldavie et la Valachie, Omer-Pacha, à la tête d'un corps de 15 000 hommes, dut garder une de ces provinces et mettre un terme à l'agitation du pays. Mission délicate dont il se tira avec une habileté et une modération qui lui valurent une sorte de popularité parmi les Roumains, dont il froissait cependant les idées d'in-

Turcs irréguliers.

dépendance. Le grade de mushir (feld-maréchal), le titre de gouverneur de Roumélie et 10 000 medjidiés (ducats), telles furent les récompenses qu'Omer-Pacha reçut de son souverain après la campagne.

Après l'insurrection de Hongrie, il prit en main la défense des réfugiés dont l'extradition était demandée par l'Autriche et la Russie. Il se rendit en personne à Schumla, fit connaissance avec les principaux membres de l'émigration, et de retour à Constantinople, il intervint chaudement en leur faveur auprès du sultan. Son influence ne contribua pas peu à décider l'honorable protection dont la Turquie couvrit alors ces infortunés.

Chargé, vers la fin de 1850, d'aller en Bosnie réprimer les principaux Beys qui refusaient de reconnaître le

Tanzimat, c'est-à-dire la réorganisation de l'empire, il avait emmené avec lui plusieurs réfugiés et leur avait confié des postes importants. Quelques-uns s'y sont distingués et sont restés au service de la Porte ottomane. Tout le monde sait avec quelle rapidité et avec quels ménagements pour les populations Omer-Pacha s'est acquitté de sa mission.

En 1851, Omer-Pacha, à la tête de 30 000 hommes, se met en route pour étouffer l'insurrection du Monténégro, soulevé par des émissaires russes. La campagne était commencée, lorsque l'intervention de l'Autriche vint mettre fin aux opérations militaires, et imposer au Vladika un acte synallagmatique relatif à la protection des catholiques, lequel acte ressemble beaucoup trop à celui que le prince Menschikoff réclamait de la Porte au sujet des Grecs, pour ne lui avoir point servi de modèle probablement à l'insu même de l'Autriche.

Un officier qui a passé un mois pendant la campagne du Monténégro au quartier général d'Omer-Pacha nous trace de lui le portrait suivant[1] :

Omer-Pacha, surnommé *lasti* (l'agréable), est d'une stature haute, sa taille est encore svelte, ses épaules et ses membres présentent d'harmonieuses proportions.

L'expression de son regard est très-vive et très-pénétrante.

Il a ce qu'on appelle l'air noble et chevaleresque, ses gestes sont naturellement gracieux et distingués, surtout à cheval. Omer-Pacha est peut-être le premier cavalier de son armée.

On le dit d'un naturel peu confiant, ce qui s'explique par les épreuves de sa jeunesse ; sa mobilité de caractère le rend accessible à beaucoup d'impressions, cependant cette mobilité ne va pas jusqu'à l'inconstance. Il est très-attaché à ses amis et à ses officiers.

Comme tous les gens qui ont souffert, Omer-Pacha a des moments assez fréquents de tristesse et de mélancolie. Dans ses accès d'humeur noire, on l'a vu quelquefois devenir terrible et presque féroce, mais ces vapeurs se dissipent bientôt et font place à la gaieté et aux épanchements d'une bonhomie presque patriarcale.

Calme, courageux, intrépide, Omer-Pacha a toutes les qualités du soldat ; il travaille sans cesse à acquérir celles du capitaine, et consacre dans ce but une partie de ses journées à l'étude et à la lecture. Il parle et il écrit avec une élégance et une correction parfaites le turc, l'allemand, le serbe et l'italien. Il comprend le français sans le parler. Ses distractions sont la chasse, l'équitation, les exercices du corps, les manœuvres militaires et la musique ; il aime les conversations plaisantes, et il les pousse volontiers jusqu'à la moquerie lorsqu'il a pris quelques verres de sa boisson favorite, c'est-à-dire du rhum à l'eau.

Tel est l'homme que le sultan venait d'appeler au commandement en chef de l'armée opposée aux Russes. L'opinion publique le désignait comme le meilleur général de la Turquie, et, jusqu'à présent, les faits ont montré qu'elle ne s'était point trompée.

IV.

Résolutions guerrières de la Porte. — Nouveaux manifestes du sultan et du tzar.

Deux tendances opposées, que des faits prochains devaient réunir, semblaient à cette époque se disputer les résolutions du gouvernement ottoman : confiante dans la justice de sa cause, la masse des Osmanlis brûlait de venger d'anciens outrages dans le sang des Russes, et ce parti comptait, même au sein du Divan, de nombreux adhérents ; mais, directement intéressés dans la querelle et plus soucieux des résultats possibles d'une rupture entre les grandes puissances, les cabinets européens cherchaient encore à éloigner l'approche d'une guerre dont les conséquences ne pouvaient être calculées.

Contrairement à ses convictions intimes, la Porte ottomane voulut donner un dernier gage de condescendance aux intentions pacifiques de ses alliés. Elle modéra d'abord la ferveur belliqueuse du peuple par des publications pleines de mesure et d'autorité[1], qu'elle fit lire dans toutes les mosquées de la capitale et des provinces. Ensuite, la conférence de Vienne ayant fait une tentative suprême en faveur de la paix par une note soigneusement élaborée[2] qu'elle croyait propre à être agréée des deux parties comme préliminaire d'un rapprochement définitif entre le tzar et le sultan, la Porte consentit à examiner ce document sans tenir compte de l'agression de fait exécutée par la Russie.

Toutefois cette note ne pouvait être accueillie dans les termes adoptés par la conférence. La Porte y fit les modifications indispensables pour sauvegarder sa dignité, en assurant davantage l'indépendance ottomane et la sécurité même des conditions de paix proposées par les puissances. Des observations jointes à la contre-note expliquèrent les motifs de ces modifications.

Ce travail, qui fit grand honneur à Reschid Pacha, son auteur, étonna la diplomatie par la finesse des aperçus aussi bien que par la précision des formules substituées à la rédaction primitive. Mais c'était là précisément son défaut. Dégagé de toute équivoque, et ne pouvant plus dès lors prêter à de futures chicanes, il devait échouer à Saint-Pétersbourg. Aussi le tzar y refusa-t-il son adhésion.

La Porte avait prévu ce refus. Dans l'hypothèse d'une guerre de plus en plus imminente, elle jugea convenable d'exposer à ses propres sujets, comme elle l'avait fait aux cabinets européens, les motifs de sa conduite. La communication qu'elle leur adressa à ce sujet contenait en peu de lignes l'énonciation des faits et l'explication fort simple de la situation. Mais en initiant le peuple, sans distinction de race ou de religion, aux secrets de la diplomatie, et en manifestant à tous la bonne foi du sultan, elle devait nécessairement éclairer les rayas, les prémunir contre les intrigues russes, et produire même au dehors de l'empire une impression favorable. C'est ce que recherchait l'habile ministre dont la prévoyance, dans cette occasion, est au-dessus de tous les éloges.

Comme pour démontrer encore mieux, aux yeux de l'Europe, la justesse de son coup d'œil, une nouvelle dépêche de M. de Nesselrode[3] vint aggraver, en les expliquant, les raisons du refus de son maître.

La Porte jugeant alors les cabinets aussi bien que les peuples suffisamment édifiés sur l'inutilité des démarches diplomatiques, même les plus conciliantes de sa part, n'hésita plus sur la dernière mesure qu'il lui restait à prendre.

Le dimanche 25 septembre elle convoqua, sous la présidence du grand vizir Moustapha Pacha, un grand conseil national formé des ministres en exercice, des grands dignitaires, des muschirs (maréchaux), des généraux de division et de brigade, des ulémas les plus considérables, des professeurs des grandes mosquées, des fonctionnaires en activité et en non-activité de premier rang, et de tous

---

1. Les *Hommes de la guerre d'Orient*, OMER-PACHA, par E. Texier. — Alph. Taride. 1854.

1. 2ᵉ manifeste adressé à la nation. — 27 juillet 1853.

2. Note rédigée à Vienne par les représentants des quatre puissances : l'Autriche, la Prusse, la France et l'Angleterre, remise à la Porte le 15 août 1853 par M. de Bruck, internonce autrichien.

3. Dépêche du comte de Nesselrode au baron de Meyendorff, envoyé extraordinaire et ministre plénipotentiaire de Russie à Vienne. 7 septembre 1853.

les membres de l'*amedji* (bureau diplomatique attaché au grand référendaire du Divan).

Cette assemblée solennelle se composait d'environ 200 personnes les plus notables, les plus expérimentées de l'empire.

A l'ouverture de la séance, Reschid-Pacha présenta l'historique clair et détaillé des négociations. Il établit la situation actuelle des affaires. Il montra en quoi les dernières propositions de Vienne avaient besoin d'être modifiées. Il rappela les efforts qu'avait faits le Divan pour obtenir que ces modifications fussent agréées, et soumit à l'assemblée la question de savoir si la conduite de la Porte dans ces conjonctures devait être approuvée. Un vote unanime répondit affirmativement.

La séance avait duré six heures. Une autre séance eut lieu le lendemain, de deux heures à huit heures du soir. Il y fut résolu, avec la même unanimité, que la Russie serait mise en demeure d'évacuer le territoire ottoman, et que, faute de faire retirer ses troupes au delà du Pruth, dans le délai qui lui serait assigné, on repousserait la force par la force.

Le procès-verbal, rédigé séance tenante, fut signé de tous les membres; puis le cheik-ul-islam y apposa son *fetva*, nécessaire pour légaliser la déclaration de guerre, et qui rendait la décision irrévocable et sacrée.

C'était un grand acte que cette solennelle résolution. Toutes dissidences, toutes nuances d'opinions s'étaient à l'instant effacées et tous les partis se confondaient désormais en un seul. Reschid-Pacha, qui passait pour un ami trop complaisant de la paix, par opposition à Rizza-Pacha, l'énergique partisan de la guerre, avait déclaré qu'autant on l'avait vu jusqu'alors enclin aux mesures de conciliation, autant on le trouverait ferme et décidé dans les voies nouvelles où la nation avait résolu de s'engager, et cette parole lui avait aussitôt reconquis toute sa popularité.

Sans plus tarder, il avertit les peuples, selon la coutume ottomane, de la résolution suprême qui venait d'être adoptée[1], et fit paraître le manifeste portant déclaration de guerre à la Russie. Cette pièce est un document historique trop important pour n'avoir pas ici sa place : nous l'insérons en entier malgré son étendue.

MANIFESTE (3e) DE LA SUBLIME PORTE.

Constantinople, le 1er moharrem 1270, 14 octobre 1853.

« Dans les circonstances actuelles, il serait superflu de reprendre, dès l'origine, l'exposé du différend survenu entre la Sublime Porte et la Russie, d'entrer de nouveau dans le détail des diverses phases que ce différend a parcourues, ainsi que de reproduire les opinions et les appréciations du gouvernement de Sa Majesté le Sultan, qui ont été rendues notoires par les pièces officielles publiées en temps et lieu.

« Malgré le désir de ne pas revenir sur les motifs pressants qui ont déterminé les modifications apportées par la Sublime Porte au projet de Note élaboré à Vienne, motifs exposés précédemment dans une Note explicative, de nouvelles sollicitations ayant été faites pour l'adoption pure et simple dudit projet, à la suite de la non-adhésion de la Russie à ces mêmes modifications, le gouvernement ottoman se trouvant aujourd'hui, quant à l'adoption du projet de Note en question, sous l'empire de la plus grande impossibilité, et forcé d'entreprendre la guerre, croit de son devoir de faire l'exposé des raisons impérieuses de cette importante détermination, ainsi que de celles qui l'ont obligé à ne pas conformer, pour cette fois, sa conduite aux conseils des grandes puissances ses alliés, bien qu'il n'ait jamais cessé d'apprécier la nature bienveillante de leurs observations.

« Les points principaux que le gouvernement de Sa Majesté le Sultan relèvera d'abord sont ceux-ci ; c'est que, dès le principe, il n'a existé dans sa conduite aucun motif de querelle, et qu'animé du désir de conserver la paix, c'est avec un remarquable esprit de modération et de conciliation qu'il a agi depuis le commencement du différend jusqu'à présent. Il est facile de prouver ces faits à tous les esprits qui ne s'écartent pas de la voie de la justice et de l'équité.

« Quand même la Russie aurait eu un sujet de plaintes à élever relativement à la question des lieux saints, elle aurait dû circonscrire ses démarches et ses sollicitations dans les limites de cette seule question, et ne pas élever des prétentions que l'objet même de ses réclamations ne pouvait comporter. Elle aurait dû ne pas prendre des mesures d'intimidation comme celles d'envoyer ses troupes aux frontières, et de faire des préparatifs de force maritime à Sébastopol, au sujet d'une question qui aurait pu être résolue amicalement entre les deux puissances. Or, il est évident que c'est tout à fait le contraire qui a eu lieu.

« La question des lieux saints avait été résolue à la satisfaction de toutes les parties. Le gouvernement de Sa Majesté le Sultan avait témoigné de favorables dispositions au sujet des assurances demandées pour cette question et pour certaines autres demandes relatives à Jérusalem. Enfin il n'y avait plus lieu, de la part de la Russie, à élever aucune réclamation. N'est-ce pas chercher un prétexte de guerre que d'insister, comme elle l'a fait, sur la question des priviléges de l'Eglise grecque octroyés par le gouvernement ottoman, priviléges qu'il croit de son honneur, de sa dignité et de son autorité souveraine de maintenir, et au sujet desquels il ne peut admettre ni l'immixtion ni la surveillance d'aucun gouvernement? N'est-ce pas la Russie qui a occupé avec des forces considérables les principautés de Moldavie et de Valachie, en déclarant que ces provinces lui serviraient de garantie jusqu'à ce qu'elle eût obtenu ce qu'elle exige? Cet acte n'a-t-il pas été justement considéré par la Sublime Porte comme une violation des traités et par conséquent comme un *casus belli?* Les autres puissances elles-mêmes ont-elles pu en juger autrement? Qui donc pourra douter que la Russie ne soit l'agresseur?

« La Sublime Porte, qui a toujours observé avec une fidélité notoire tous ses traités, a-t-elle pu les enfreindre au point de déterminer la Russie à une démarche aussi violente que celle d'enfreindre elle-même ces mêmes traités?

« Ou bien, contrairement à la promesse consignée explicitement dans le traité de Kaïnardji, s'est-il produit dans l'empire ottoman des faits pareils à ceux de démolition des églises chrétiennes ou d'obstacles apportés à l'exercice du culte chrétien?

« Le cabinet ottoman, sans vouloir entrer dans de plus longs détails sur ces points, ne doute pas que les hautes puissances ses alliées ne trouvent et ne jugent tout à fait juste et véridique ce qui vient d'être mentionné.

---

1. Communication officielle (4e) de la Sublime Porte.

« Quant à la non-adoption, sous sa forme pure et simple, du projet de note de Vienne par la Sublime Porte, il est à remarquer que ce projet, sans être tout à fait conforme à la note du prince Menschikoff, et tout en contenant, il est vrai, dans sa composition quelques-uns des paragraphes du projet de Note de la Sublime Porte elle-même, n'est point dans son ensemble, soit dans sa lettre, soit dans son esprit, essentiellement différent de celui du prince Menschikoff.

« Les assurances récemment données par les représentants des grandes puissances, au sujet du danger d'interprétations nuisibles du projet de Note en question, sont une nouvelle preuve des bonnes intentions de leurs gouvernements respectifs pour la Sublime Porte; elles ont, par conséquent, causé une vive satisfaction au gouvernement de Sa Majesté le Sultan. Il faut remarquer, cependant, au moment où nous avons encore sous les yeux le débat des priviléges religieux soulevé par la Russie, qui cherche à s'appuyer sur un paragraphe si clair et si précis du traité de Kaïnardji, que vouloir consigner dans une pièce diplomatique le paragraphe concernant la sollicitude des empereurs de Russie pour le maintien dans les États de la Sublime Porte des immunités et des priviléges religieux octroyés au culte grec par les empereurs ottomans avant même l'existence de la Russie comme empire, laisser dans un état douteux et obscur l'absence de tout rapport entre ces priviléges et le traité de Kaïnardji, employer en faveur d'une grande communauté de sujets de la Sublime Porte, professant le rite grec, des expressions qui pourraient faire allusion à des traités conclus avec la France et l'Autriche relativement aux religieux francs et latins, ce serait courir la chance de mettre à la disposition de la Russie certains paragraphes vagues et obscurs dont quelques-uns même sont contraires à la réalité des faits; ce serait également, sans nul doute, offrir à la Russie un prétexte solide pour ses prétentions de surveillance et de protectorat religieux, prétentions qu'elle essayerait de produire, en affirmant qu'elles n'ont rien d'attentatoire au droit souverain et à l'indépendance de la Sublime Porte.

« Le langage même des employés et agents de la Russie, qui ont déclaré que l'intention de leur gouvernement n'était autre que de remplir l'office d'avocat auprès de la Sublime Porte, toutes les fois que des actes contraires aux priviléges existants auraient lieu, est une preuve patente de la justesse de l'opinion du gouvernement ottoman.

« Si le gouvernement de Sa Majesté le Sultan a jugé nécessaire de demander des assurances, lors même que les modifications proposées par lui à la Note de Vienne auraient été accueillies, comment, en conscience, pourrait-il être tranquille si la Note de Vienne était maintenue dans son intégrité et sans modifications?

« La Sublime Porte, en acceptant ce qu'elle a déclaré à tout le monde ne pouvoir admettre sans y être forcée, compromettrait sa dignité vis-à-vis des autres puissances; elle la sacrifierait aux yeux mêmes de ses propres sujets, et tout en attentant à son honneur, elle commettrait un suicide moral et matériel sur elle-même.

« Quoique le refus de la Russie d'accéder aux modifications réclamées par la Sublime Porte ait été basé sur une question d'honneur, on ne saurait nier que la cause réelle du refus de la Russie provient uniquement de son désir de ne pas laisser remplacer par des termes explicites, des expressions vagues qui pourraient ultérieurement lui fournir un prétexte d'immixtion. Une semblable conduite oblige conséquemment la Sublime Porte à persister de son côté dans sa non-adhésion.

Amiral Dundas.

« Les raisons qui ont déterminé le gouvernement ottoman à faire ces modifications ayant été appréciées par les représentants des quatre puissances, il est prouvé que la Sublime Porte a eu complétement raison de ne pas adhérer à l'adoption pure et simple de la Note de Vienne.

« En entrant en discussion sur les inconvénients que cette Note présente, le but n'est pas de critiquer un projet qui a obtenu l'assentiment des grandes puissances. Leurs efforts ont toujours tendu, tout en désirant préserver les droits et l'indépendance du gouvernement impérial, à conserver la paix : les démarches faites dans cette intention étant on ne peut plus louables, la Sublime Porte ne saurait assez les apprécier.

« Mais comme chaque gouvernement possède évidemment, par suite de ses propres connaissances et de son expérience locale, plus de facilités que tout autre gouvernement pour juger les points qui touchent à ses propres droits, l'exposé que fait le gouvernement ottoman provient de l'unique désir de justifier la situation obligatoire où il se trouve placé à son plus grand regret, tandis qu'il aurait désiré continuer à ne point s'écarter des conseils bienveillants qui lui ont été offerts par ses alliés depuis l'origine du différend, et qu'il a suivis jusqu'à présent.

« Si on allègue que l'empressement avec lequel on a arrêté en Europe un projet résulte de la lenteur de la Sublime-Porte à proposer un arrangement, le gouvernement de Sa Majesté le Sultan se trouve dans l'obligation de se justifier en exposant les faits suivants :

« Avant l'entrée des troupes russes dans les Principautés, quelques-uns des représentants des puissances, guidés par l'intention sincère de prévenir l'occupation de ces provinces, ont exposé à la Sublime-Porte la nécessité de rédiger un projet de fusion des projets de Note de la Sublime Porte et du prince Menschikoff. Plus tard, les représentants des puissances ont remis confidentiellement à la Sublime Porte différents projets d'arrangement. Aucun de ces derniers ne répondant aux vues du gouvernement impérial, le cabinet ottoman était sur le point d'entrer en négociation avec les représentants des puissances sur un projet rédigé par lui-même, conformément à leur suggestion.

« Dans ce moment, la nouvelle du passage du Pruth par les Russes étant arrivée, ce fait a changé la question de face. Le projet de Note proposé par la Sublime Porte a dû être mis de côté, et les cabinets ont été priés d'exprimer leur manière de voir sur cette violation des traités après la protestation de la Sublime Porte. D'un côté, le cabinet ottoman a dû attendre les réponses, et de l'autre il a arrêté, sur la suggestion des représentants des puissances, un projet d'arrangement qui a été envoyé à Vienne. Pour toute réponse à toutes ces démarches actives, le projet de Note élaboré à Vienne a paru.

« Quoi qu'il en soit, le gouvernement ottoman, craignant à juste titre tout ce qui impliquerait un droit d'immixtion en faveur de la Russie dans les affaires religieuses, ne pouvait faire plus que de donner des assurances propres à dissiper les doutes qui étaient devenus le sujet de la discussion, et ce ne sera pas surtout après tant de préparatifs et de sacrifices qu'il acceptera des propositions qui n'ont pu être accueillies lors du séjour du prince Menschikoff à Constantinople.

« Puisque le cabinet de Saint-Pétersbourg ne s'est pas contenté des assurances qui lui ont été offertes ; puisque les efforts bienveillants des hautes puissances sont demeurés infructueux ; puisque enfin la Sublime Porte ne peut tolérer ni souffrir plus longtemps l'état des choses actuel, ainsi que la prolongation de l'occupation des prin-

cipautés moldo-valaques, parties intégrantes de son empire, le cabinet ottoman, dans l'intention ferme et louable de défendre les droits sacrés de souveraineté et l'indépendance de son gouvernement, usera de justes représailles contre une violation des traités qu'il considère comme un *casus belli*.

« Il notifie donc officiellement que le gouvernement de Sa Majesté le sultan se trouve obligé de déclarer la guerre, et qu'il a donné les instructions les plus catégoriques à Son Excellence Omer-Pacha pour inviter le prince Gortschakoff à évacuer les Principautés, et commencer les hostilités, si, dans un délai de quinze jours à partir de l'arrivée de sa dépêche au quartier général russe, une réponse négative lui parvenait.

« Il est bien entendu que, si la réponse du prince Gortschakoff est négative, les agents russes devront quitter les États ottomans, et que les relations commerciales des sujets respectifs des deux gouvernements devront être interrompues. Toutefois, la Sublime Porte ne trouve pas juste que l'embargo soit mis sur les navires marchands russes, conformément aux anciens usages. En conséquence, il leur sera donné avis de se rendre dans la mer Noire ou dans la Méditerranée, à leur choix, dans un délai qui sera fixé ultérieurement. En outre, le gouvernement ottoman, ne voulant pas apporter d'entraves aux relations commerciales des sujets des puissances amies, laissera pendant la guerre les détroits ouverts à leurs navires marchands. »

Amiral Hamelin.

Ce manifeste, accompagné, quatre jours après, suivant l'usage, d'une proclamation du grand visir aux habitants de Constantinople, d'Eyoub, de Scutari et de Galata[1], fut immédiatement envoyé au généralissime Omer-Pacha. Celui-ci s'empressa de notifier la déclaration de guerre au prince Gortschakoff[2], commandant en chef des troupes russes, en l'informant, selon ses instructions, du délai de quinze jours qui lui était accordé pour l'évacuation des deux principautés. Mais celui-ci n'avait aucun pouvoir pour

1. Eyoub, Galata et Scutari sont des faubourgs ou annexes de Constantinople (Stamboul). Eyoub, situé au fond du port ou de la Corne-d'Or, sur la gauche, renferme la mosquée où les sultans ceignent, à leur avénement, le sabre d'Osman. Galata, de l'autre côté du port, vis-à-vis la pointe du sérail, est dominé par la colline de Péra, résidence des ambassadeurs. Scutari, l'ancienne Chrysopolis, est situé en Asie, sur la rive opposée du Bosphore (Ubicini).

2. Lettre du 8 octobre 1853.

se conformer à cette injonction, comme il le fit aussitôt connaître [1].

Nicolas seul, en effet, pouvait répondre, et il était trop avancé pour reculer. Les événements arrivaient à leur solution naturelle. Il répondit à la déclaration de guerre par un nouveau manifeste où il s'efforce de rejeter, comme de coutume, sur la Porte ottomane la responsabilité d'une guerre dont il est seul le promoteur. On remarquera combien cette pièce contraste, par son exaltation affectée, avec le calme et la dignité du manifeste ottoman. Il serait superflu d'en faire ressortir les énonciations erronées, les assertions mensongères ; nous nous bornerons à la transcrire comme pendant nécessaire à la déclaration de la Porte.

MANIFESTE DE L'EMPEREUR NICOLAS.

Saint-Pétersbourg, le 19 (31) octobre 1853.

« Par la grâce de Dieu, nous, Nicolas Iᵉʳ, empereur et autocrate de toutes les Russies, etc., etc.,

« Savoir faisons :

« Par notre manifeste du 14 juin de la présente année, nous avons fait connaître à nos fidèles et bien-aimés sujets les motifs qui nous ont mis dans l'obligation de réclamer de la Porte ottomane des garanties inviolables en faveur des droits sacrés de l'Église orthodoxe.

« Nous leur avions annoncé également que tous nos efforts pour ramener la Porte, par des moyens de persuasion amicale, à des sentiments d'équité et à l'observation fidèle des traités, étaient restés infructueux, et que nous avions, par conséquent, jugé indispensable de faire avancer nos troupes dans les principautés du Danube. Mais, en adoptant cette mesure, nous conservions encore l'espoir que la Porte reconnaîtrait ses torts, et se déciderait à faire droit à nos justes réclamations.

« Notre attente a été déçue.

« En vain même les principales puissances de l'Europe ont cherché par leurs exhortations à ébranler l'aveugle obstination du gouvernement ottoman. C'est par une déclaration de guerre, par une proclamation remplie d'accusations mensongères contre la Russie, qu'il a répondu aux efforts pacifiques de l'Europe, ainsi qu'à notre longanimité. Enfin, enrôlant dans les rangs de son armée les révolutionnaires de tous les pays, la Porte vient de commencer les hostilités sur le Danube. La Russie est provoquée au combat, il ne lui reste donc plus, se reposant en Dieu avec confiance, qu'à recourir à la force des armes pour contraindre le gouvernement ottoman à respecter les traités et pour en obtenir la réparation des offenses par lesquelles il a répondu à nos demandes les plus modérées et à notre sollicitude légitime pour la défense de la foi orthodoxe en Orient, que professe également le peuple russe.

« Nous sommes fermement convaincu que nos fidèles sujets se joindront aux ferventes prières que nous adressons au Très-Haut, afin que sa main daigne bénir nos armes dans la sainte et juste cause qui a trouvé de tout temps d'ardents défenseurs dans nos pieux ancêtres.

« *In te, Domine, speravi ; non confundar in æternum.*

« Donné à Tsarskoé-Sélo, le vingtième jour du mois d'octobre de l'an de grâce mil huit cent cinquante-trois, et de notre règne le vingt-huitième. »

1. Réponse du 9 octobre.

Ce manifeste fut lu dans toutes les églises de l'empire pendant le service divin.

Dans les églises de Moldavie et de Valachie, Gortschakoff, agissant comme en pays russe, le fit lire également, et à la prière ordinaire pour le souverain il ordonna de substituer une prière pour l'*extirpation des païens*.

V.

Suite des événements. — Enthousiasme des Ottomans à l'annonce de la guerre. — Mouvement de l'opinion publique en Roumanie. — Allocution d'Omer-Pacha à ses troupes. — Premières hostilités. — Kalafat. — Olténitza.

Pendant que Nicolas cherchait à exciter le fanatisme de ses Moscovites, celui des Ottomans se réveillait de lui-même. On sait que l'année turque commence à l'anniversaire de l'*héopie*, ou fuite de Mahomet de la Mecque à Médine. Le manifeste de la Porte était daté du 1ᵉʳ de moharrem, c'est-à-dire du premier jour de l'année musulmane, circonstance regardée comme heureuse par les Orientaux : de plus l'année 1270, d'après l'interprétation que le clergé donne à un passage du Coran, doit être le commencement d'une grande guerre où le croissant sera vainqueur. Cette double circonstance fut habilement exploitée par le Divan, qui ne pouvait négliger les moyens religieux, dont l'ennemi faisait si ouvertement usage.

L'enthousiasme longtemps comprimé éclata. De toute part affluèrent les offres d'argent et d'hommes. Méhémet-Ali-Pacha, ministre de la guerre, fit don au gouvernement impérial de plusieurs chevaux de ses écuries. Son exemple fut suivi par ses collègues, par les généraux et officiers supérieurs de l'armée impériale et du corps d'armée de Constantinople, par la plupart des fonctionnaires de la Porte, par un grand nombre de Turcs riches ou aisés. Des marchands fermèrent leurs boutiques, vendirent leurs biens, quittèrent leurs familles et coururent au séraskierat pour se faire inscrire comme volontaires. Les mollahs parcouraient les rues avec des étendards et de vieilles hallebardes. Des bureaux furent ouverts pour les enrôlements ; ils étaient assiégés. Tout, enfin, se préparait pour une de ces guerres de nationalité qui ne peuvent se dénouer qu'après d'importants résultats.

Dans les principautés danubiennes, l'appel généreux du parti national n'était pas resté sans écho : le bruit courait que les chefs de l'émigration roumaine Maghéro et Till allaient arriver, afin de combattre à la tête des Moldo-Valaques pour l'indépendance de leur pays. L'inquiétude et l'agitation des vieux boyards étaient extrêmes, tandis que les jeunes boyards et le peuple manifestaient hautement leur indignation contre les Russes, et demandaient des armes, en disant qu'ils voulaient empêcher le retour des mauvais jours de 1848. En effet, durant la dernière occupation de 1848, la Russie ne s'est pas contentée d'affamer les habitants des principautés en mettant à leur charge une armée de 100 000 hommes, elle les avait dépouillés de toutes leurs forces intellectuelles et matérielles ; elle avait supprimé complètement les écoles primaires qui existaient précédemment dans presque tous les villages de la Moldo-Valachie ; elle avait ramassé toutes les armes que possédait le pays, même les ustensiles tranchants de ménage, et les avait fait brûler et détruire en plein jour sur les places publiques ; pour chaque groupe de quatre à cinq maisons, elle n'avait laissé qu'une seule hache à fendre le bois.

Il n'y a que les Russes pour pousser à ce point ce qu'ils nomment barbarement le droit de la guerre; et c'est dans un pays placé sous leur protection qu'ils usaient ainsi de ce prétendu droit !

Cependant l'armée d'Omer-Pacha s'était grossie successivement des volontaires arrivés de Constantinople et d'un grand nombre de bachi-bouzouks (troupes irrégulières) débarqués des différentes provinces de l'Asie Mineure. Elle s'élevait à peu près à 100 000 hommes, et devait faire face à l'ennemi sur une frontière de plus de quatre-vingts lieues.

Lorsque la Turquie possédait encore sur le Danube les têtes de ponts de Tournul, Giurgewo, Brahilow et Ismaïl, ses armées dominaient sans peine toute la rive gauche, et le fleuve, garni de dix-huit places fortes, protégé en avant par le Dniester et le Pruth, appuyé en arrière par les Balkans et les forteresses qui en gardent les défilés, formait une des lignes militaires les plus redoutables de l'Europe. C'était une ligne offensive. Elle a perdu ce caractère, et n'est plus qu'une ligne défensive depuis qu'une partie des places fortes du bas Danube ont été démantelées, et surtout depuis la cession des bouches du fleuve à la Russie.

Naturellement les Turcs devaient s'efforcer de lui rendre une partie de son ancienne importance en reprenant, dès le début de la guerre, possession des points principaux sur les deux rives. Les hostilités éclatèrent à la fois dans la grande et dans la petite Valachie, à Widdin et à Isatcha.

Il existe auprès de Widdin une île, regardée comme faisant partie du territoire valaque, mais dont la possession est d'une extrême importance pour cette ville, une des trois grandes places fortes du Danube. Omer-Pacha la fit occuper, et les Russes, qui avaient un poste, en face, sur la rive gauche, se replièrent sur Craïowa, capitale de la petite Valachie.

Au confluent du Pruth et du Danube, entre Reni et Ismaïl, se trouve, sur la rive droite, le bourg d'Isatcha où se sont réfugiés les débris de la malheureuse population d'Ismaïl, lorsqu'en 1790 Souvaroff, ayant pris d'assaut cette ville florissante qui ne renfermait pas moins de 35 000 âmes, la livra pendant trois jours à toutes les horreurs du pillage et de l'égorgement. Il y périt, dit-on, plus de 30 000 individus, hommes, femmes et enfants. Ce qui put échapper chercha un refuge sur la rive droite à Isatcha, où les Turcs ont depuis bâti une forteresse, dont l'artillerie domine le cours du fleuve.

Le 23 octobre, la flottille russe voulant se mettre en communication avec le port valaque d'Ibraïla, dut pour forcer le passage affronter le canon d'Isatcha. On parvint à effectuer ce mouvement avec une perte de douze matelots et quatre officiers parmi lesquels le lieutenant colonel commandant la flottille, et d'une cinquantaine de blessés.

Cette affaire, comme celle de Widdin, n'était qu'une simple rencontre d'une importance fort secondaire : elle ouvrait simplement les hostilités. Dès que le canon se fut fait entendre, Omer-Pacha se hâta de parler à ses troupes.

Déjà, en leur lisant la déclaration de guerre du sultan, il leur avait dit :

« Le sang de vos ancêtres a plus d'une fois rougi le sol que voudrait vous arracher un ennemi puissant; confié par eux à votre courage patriotique, il est resté sans tache. Sachez donc que vous ne pouvez faire un pas sans qu'une voix s'élève de terre pour vous dire : « Cette poussière que « foulent vos pieds est notre cendre, la cendre de vos an- « cêtres. » Soldats! défendez-la ; jurez de combattre jusqu'à la dernière goutte de votre sang pour maintenir intact le trône d'Abdul-Medjid, votre empereur bien-aimé ! »

Cette fois il leur adressa la proclamation suivante :

« Soldats impériaux !

« Quand nous combattrons nos ennemis, fermes et courageux nous ne fuirons pas, et pour nous venger de lui nous sacrifierons notre tête et notre âme[1].

« Voyez le Koran, nous l'avons juré sur le Koran.

« Vous êtes musulmans, et je ne doute pas que vous ne sacrifiiez votre tête et votre âme pour la religion et pour le gouvernement.

« Mais s'il est parmi vous un seul homme qui ait peur de la guerre, qu'il le dise ; car il est trop périlleux de se présenter à l'ennemi avec de tels hommes. La peur est une maladie du cœur. Celui qui a peur est employé dans les hôpitaux et à d'autres services ; mais plus tard, quiconque tournera le dos à l'ennemi sera fusillé !

« Les hommes courageux au contraire qui veulent s'immoler à la défense de la religion et du trône, qu'ils restent. Leur cœur est uni à Dieu ; fidèles à la religion et s'ils se montrent valeureux, Dieu leur donnera certainement la victoire.

« Soldats ! purifions notre cœur et puis confions-nous à l'assistance de Dieu.

« Combattons et faisons le sacrifice de nous-mêmes comme nos aïeux, et comme ils nous ont légué notre patrie et notre religion, nous devons les léguer à nos fils.

« Vous savez tous que le but de cette vie est de servir dignement Dieu et le sultan, et de gagner ainsi le ciel.

« Soldats ! quiconque a de l'honneur doit penser et servir dans ces sentiments. Que Dieu nous protége !

« Le *muschir* OMER-PACHA. »

Il faut parler à chaque nation le langage qui lui est propre : cette science forme même une partie de l'art du général. Omer-Pacha la possède à fond ; de l'aveu des Turcs les plus hostiles aux officiers européens, nul ne sait manier, plus à propos et avec plus de force que le général en chef de l'armée du Danube, l'éloquence propre à enflammer le courage du soldat; on s'en est aperçu à l'attitude des Turcs dès leurs premières rencontres avec les Russes.

Les Turcs et les Russes étaient entrés en campagne sous des auspices bien différents. Les Russes avec le prestige de leurs victoires passées, les Turcs sous le poids de leurs défaites précédentes. On doutait que les Ottomans pussent même soutenir le premier choc de ces troupes habituées à la guerre dans le Caucase et qui venaient de faire la campagne de Hongrie. Ce prestige de son armée servait trop bien les projets ultérieurs du gouvernement russe pour qu'il eût hâte de hasarder quelque chose qui pût le compromettre. L'inaction n'enlevait rien à sa force, et minait lentement celle de l'ennemi. Omer-Pacha comprit d'un coup d'œil les dangers d'une pareille situation, et résolut d'en sortir.

---

1. Formule orientale qui emporte simplement l'idée du sacrifice absolu de la vie pour une cause sainte.

CARTE
DU
THÉÂTRE DE LA GUERRE
SUR
LE DANUBE
PAR
P. BINETEAU GÉOGRAPHE
1854
EMPIRE D'AUTRICHE
TRANSYLVANIE
HONGRIE
GALICIE
RUSSIE
MOLDAVIE
VALACHIE
SERVIE
BULGARIE
ROUMÉLIE
TURQUIE
BOSNIE
HERZÉGOVINE
CROATIE
ESCLAVONIE
ILLYRIE
MACÉDOINE
ROUMÉLIE
NATOLIE
GRECE
ITALIE
MER ADRIATIQUE
MER IONIENNE
MER NOIRE
MER DE MARMARA
GOLFE DE SALONIQUE
CANAL D'OTRANTE
VIENNE
Presbourg
BUDE OU OFEN
Pesth
Debrezin
Klausenburg
Maros Vasarhely
Temeswar
Szegedin
Peterwardein
Belgrade
Zwornik
Bosna Seraï
Mostar
Nova Bazar
Cettigne
Scutari
Krajova
Bucharest
Nikopoli
Sophia
Philippopoli
Andrinople
CONSTANTINOPLE
Gallipoli
BROUSSE
Adramytte
NAPLES
Bari
Salonique
Larissa
Volo
Jassy
Kichnev
HERSON
Nikolaiev
Akerman
Galatz
Silistrie
Roustchouk
Varna
Trieste
TRANSYLVANIE
Hermanstadt
Échelles

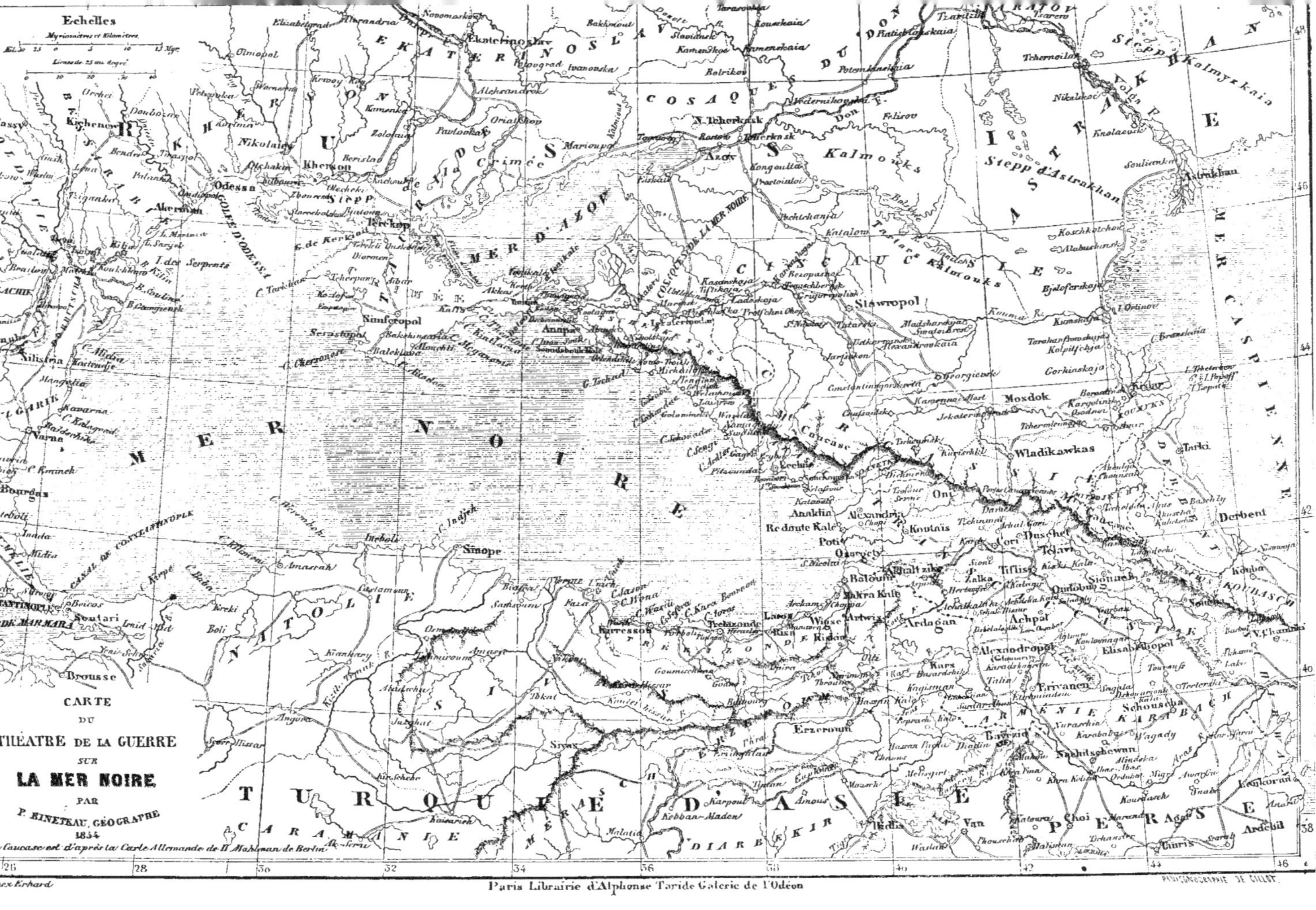

Echelles
Myriamètres et Kilomètres
CARTE
DU
THÉATRE DE LA GUERRE
SUR
LA MER NOIRE
PAR
P. FINEZAU, GÉOGRAPHE
1854
le Caucase est d'après la Carte Allemande de H. Mahlman de Berlin
MER NOIRE
MER D'AZOV
MER CASPIENNE
GOLFE D'ODESSA
TURQUIE D'ASIE
ANATOLIE
ARMÉNIE
KARABACH
DIARBEKIR
PERSE
COSAQUES DU DON
CIRCASSIE
Crimée
Stepp d'Astrakhan
Stepp Kalmyzkaia
Tatars Kalmouks
Kalmouks
CANAL DE CONSTANTINOPLE
Odessa
Kherson
Nikolaïev
Sébastopol
Simféropol
Balaklava
Kertch
Anapa
Stavropol
Mt Caucase
Wladikawkas
Mosdok
Astrakhan
Derbent
Tiflis
Koutaïs
Poti
Redoute Kalé
Anaklia
Alexandropol
Kars
Erzeroum
Trébizonde
Batoum
Ardahan
Erivan
Schoucha
Sinope
Samsoun
Varna
Bourgas
Brousse
Constantinople
Scutari
Sivas
Paris Librairie d'Alphonse Taride Galerie de l'Odéon
chez Erhard

La ligne du Danube, dangereuse peut-être par son extrême longueur, offrait l'avantage de pouvoir arrêter la marche des Russes par les forteresses de la rive droite du fleuve s'ils parvenaient à le franchir. Ces forteresses prises, restaient les Balkans à passer, et l'on se souvient encore au prix de quels énormes sacrifices les Russes parvinrent, dans la campagne de 1828, à sortir de ces défilés, bien qu'à cette époque le tzar fût maître absolu de la mer Noire.

Le système d'Omer-Pacha ne manquait donc ni de prudence ni d'habileté. Décidé, comme nous l'avons dit, à frapper un grand coup au début de la campagne, il songea à prendre une forte position dans la petite Valachie. Il jeta les yeux sur Kalafat, point intermédiaire d'où il pouvait intercepter à l'ennemi la route de la Servie. Pour s'emparer de cette position, il fallait tromper les Russes en faisant semblant de les attaquer de deux côtés à la fois, pendant que l'armée franchirait le Danube à Oltenitza.

Les Russes donnèrent dans le piége, et la manœuvre d'Omer-Pacha obtint un plein succès. C'était à la bravoure et à la résolution des Turcs à faire le reste. De cet essai dépendait, pour ainsi dire, le sort de la campagne.

Le 3 novembre 1853, après la prière du matin, 10 000 Turcs sortent de leur camp de Tourtoukaï, et franchissent le Danube en face d'Oltenitza, petit village de la rive gauche occupé par les Russes en forces supérieures.

Le passage d'un fleuve est sans contredit l'opération la plus difficile de l'art militaire. Entouré d'un double danger, entre le feu et l'eau, si l'assaillant hésite il est perdu. A peine les Turcs ont-ils commencé le passage, les Russes dirigent sur eux le feu meurtrier des batteries qui défendent la rive. Les soldats turcs, qui entendent gronder le canon pour la première fois, se comportent comme de vieilles troupes. Omer-Pacha est là de sa personne, les excitant à bien faire. Les Turcs se jettent dans le fleuve à la nage pour toucher plus tôt la rive; ils combattent dans l'eau jusqu'à la ceinture ; ceux qui abordent les premiers s'élancent sur le bâtiment de la quarantaine, s'en emparent et s'y retranchent après un combat meurtrier. Une île est en face d'Oltenitza, les Turcs s'y établissent et construisent des batteries qui dominent celles de l'ennemi.

Un renfort de 12 000 Russes commandés par le général Danneberg, chef du quatrième corps, arrive au secours d'Oltenitza. Une attaque à fond est dirigée contre les Turcs, qu'on veut à tout prix rejeter dans le Danube. Un vétéran des guerres du Caucase, le général de division Pauloff, conduit l'attaque en personne. C'est le 4 novembre qu'elle commence. Les Turcs s'appuient sur leurs retranchements de campagne, les Russes sur Oltenitza. Une fausse manœuvre de leur général les place entre les feux croisés de la forteresse turque de Tourtoukaï, placée sur la rive droite du Danube, et ceux des batteries de la rive gauche. Le reste des troupes russes est acculé dans un marais où la carabine des tirailleurs musulmans les décime. Après quatre heures de combat, l'ennemi se retire, laissant sur le champ de bataille 1 colonel, 1 lieutenant-colonel, 24 officiers, 370 soldats et un nombre à peu près égal de prisonniers, mais le résultat moral était bien plus considérable que les résultats matériels. Les Ottomans avaient reçu en même temps le baptême du feu et de la victoire; à dater de ce jour la Turquie eut une armée.

Deux mois après, cette armée donnait à son chef de nouvelles preuves de sa bravoure et de sa discipline sur le champ de bataille de Citaté.

C'était le 6 janvier, l'armée russe s'avançait pour s'emparer de la position de Kalafat que l'armée turque voulait également occuper.

Le village de Citaté, du haut de sa colline, domine une vaste plaine fermée aux deux extrémités par deux ravins, dont l'un forme presque un lac. Il faut traverser Citaté pour se rendre à Kalafat. Sur une hauteur dominant le chemin, les Russes avaient établi une forte redoute.

Treize bataillons d'infanterie, trois régiments de cavalerie, plusieurs centaines de *bachi-bouzouck*, quatre batteries d'artillerie forment, sous le commandement d'un des lieutenants d'Omer-Pacha, un corps d'armée qui s'avance sur Citaté pour en déloger les Russes. Les Turcs, arrivés le soir, se massent autour du village et passent la nuit au bivouac. Le lendemain matin un soleil radieux se lève à l'horizon, le signal du combat est donné. Teijfik-Bey, neveu d'Omer-Pacha, s'élance sur la colline à la tête d'un régiment qui s'y déploie en tirailleurs. Le canon des Russes répond à la fusillade des Turcs; de toutes parts l'action s'engage. C'était le 6 janvier.

La possession du village de Citaté est le but principal des efforts des deux armées. Les Turcs et les Russes, tour à tour assaillants et assaillis, se livrent un combat acharné dans les rues, sur les toits, d'homme à homme, sans trêve ni merci. Après quatre heures de lutte, les Russes prennent le parti d'abandonner le champ de bataille. Ils se présentent devant la route de Kalafat dont la cavalerie ennemie leur défend l'entrée. Ils changent de manœuvre, et doivent s'estimer bien heureux de se réfugier derrière la redoute élevée au nord de Citaté.

C'est cette redoute que les Turcs vont attaquer maintenant. Déjà les colonnes d'assaut sont formées, lorsqu'on voit de longues masses noires se dérouler au milieu de la plaine. Les renforts russes sont au nombre de 10 000 hommes avec de l'artillerie et de la cavalerie. Ces 10 000 hommes manœuvrent de façon à prendre les Turcs entre deux feux. 3000 ou 4000 hommes de réserve étaient les seules forces sur lesquelles le général turc pût compter.

L'artillerie russe commence le feu; mais ses batteries mal servies, ses boulets mal dirigés ne font pas beaucoup de mal à l'ennemi. Cependant, la supériorité du nombre est telle, que tôt ou tard elle finira par triompher, si quelque coup de main audacieux ne donne pas la victoire aux Turcs. Le général en chef leur ordonne de charger à la baïonnette; ils s'élancent sur les Russes qui, surpris par cette brusque attaque, plient de tous côtés, et commencent une retraite qui finit bientôt par ressembler à une fuite. La redoute de Citaté est abandonnée, et les troupes d'Omer-Pacha ramassent sur le champ de bataille des sabres, des fusils, des gibernes et jusqu'à des ophicléides : la peur avait gagné jusqu'aux musiciens.

Les deux affaires d'Oltenitza et de Citaté, en affermissant le moral des troupes musulmanes, changèrent singulièrement les idées qu'on s'était faites en Europe de la valeur relative des deux armées turque et russe. On s'aperçut, non sans surprise, que déjà la réforme entreprise par Mahmoud avait porté des fruits réels puisque les troupes régulières pouvaient entrer en ligne, même avec avantage, contre une armée exercée, et réputée formidable pour sa bravoure et sa solidité. Le prestige des armes russes en perdit quelque chose aux yeux des autres peuples, et l'intérêt s'accrut en faveur de ces Turcs qui protestaient si courageusement sur le champ de bataille contre un ennemi arrogant et injuste.

Ces considérations eurent leur poids dans la balance de la politique occidentale qui dès lors put s'applaudir d'avoir su écouter à propos la voix de la justice et de l'humanité.

CHAPITRE VI.

LES HOSTILITÉS (suite).

I.

Les flottes anglaise et française à Constantinople. — Dernières négociations. — Événement de Sinope. — Occupation de la mer Noire par les deux puissances maritimes.

Dès le 27 novembre, les deux flottes anglaise et française avaient quitté leur mouillage de Bésika pour franchir les Dardanelles, et les Turcs avaient vu avec autant de joie que d'étonnement ces mêmes pavillons qui naguère avaient détruit leur marine à Navarin, s'avancer maintenant pour couvrir de leur protection Stamboul redevenue l'amie et l'alliée de l'Occident.

C'était un magnifique armement. A aucune époque l'Orient n'avait eu sous les yeux un spectacle à la fois si grandiose et si formidable.

La flotte française ne comptait pas moins de 15 vaisseaux de haut bord, dont plusieurs à hélice, 12 frégates, la plupart à vapeur, et 5 corvettes, représentant ensemble une force de 6000 chevaux. L'escadre entière portait 2000 canons[1]. La flotte anglaise n'était pas moins imposante : elle portait un peu moins de canons et comptait un plus grand nombre de frégates à vapeur.

Les deux flottes réunies formaient donc un ensemble de 30 vaisseaux de ligne, 25 frégates et un nombre proportionné de bricks, corvettes, avisos, etc. Leurs équipages montaient, tout compris, à près de 20 000 hommes, et l'armée entière disposait de plus de 1000 bouches à feu.

Bientôt après le gouvernement français mit à la tête de sa flotte un homme habile, éprouvé, plein d'ardeur : l'amiral Hamelin succéda à l'amiral de La Susse, dont l'âge avancé paraissait moins propre aux fatigues d'une campagne active. En même temps il rappela son ministre à Constantinople, M. de Lacour, et le remplaça par un envoyé extraordinaire tiré des rangs de l'armée, le général Baraguey d'Hilliers. Le rôle de la diplomatie lui paraissait terminé. En remettant ses lettres de créance au sultan, dans une audience solennelle, le nouvel ambassadeur s'exprima ainsi :

« Sire,

« J'ai l'honneur de présenter à Votre Majesté les lettres de créance de Sa Majesté Impériale, mon auguste souverain, qui m'accréditent auprès de la Sublime Porte en qualité d'ambassadeur.

« Dans les circonstances difficiles où se trouve le gouvernement ottoman, je suis heureux d'avoir été choisi par S. M. l'empereur Napoléon pour renouveler à S. M. I. le sultan l'assurance de son amitié.

« La France est la plus ancienne, la plus désintéressée des alliés de la Sublime Porte. Sa sincérité ne saurait être mise en doute.

« *La France ne craint pas la guerre.* Fidèle à l'esprit de sa mission, révélée par l'empereur Napoléon lui-même, la France veut la paix ; mais elle la veut durable, loyale, honorable pour elle et ses alliés.

« Dans ce but, S. M. l'empereur Napoléon, de concert avec sa puissante alliée, la souveraine de la Grande-Bretagne, a envoyé sa flotte en Orient. Confiant dans les assurances réitérées du cabinet de Saint-Pétersbourg, il espère encore que le différend qui s'est élevé entre la Sublime Porte et la cour de Russie pourra s'aplanir ; que ce trouble passager, en posant nettement la question de l'intégrité de l'empire ottoman, ne fera qu'affermir une indépendance si précieuse à l'Europe entière et si nécessaire au maintien de la paix du monde.

« S. M. I. le sultan peut compter que S. M. l'empereur Napoléon, qui comprend si bien les besoins, les sentiments et la dignité de la France, *prêtera, dans ce but, son appui* à S. M. I. le sultan, et je crois être ici le fidèle interprète de sa volonté en lui en donnant l'assurance.

« Je saisis cette occasion d'exprimer à Votre Majesté Impériale l'ardent désir de contribuer, de tous mes efforts, au maintien des vieilles et bonnes relations que la France a toujours entretenues avec la Sublime Porte, et je mets aux pieds de Votre Majesté Impériale l'hommage de mon profond respect. »

Ce discours, concerté d'ailleurs avec l'ambassade anglaise, évitait encore d'engager trop formellement l'action des puissances occidentales. Mais la présence des deux flottes lui donnait un caractère précis, et il fut considéré généralement comme l'annonce d'une détermination beaucoup plus grave.

Cependant les habitudes de la paix ont poussé de si profondes racines en Europe, tant d'intérêts divers se rattachent à sa conservation, et deux des quatre grandes puissances occidentales, l'Autriche et la Prusse, montraient tant d'hésitation à s'engager dans la politique active des puissances maritimes, que bien des gens espéraient encore que les efforts de la diplomatie réussiraient

---

[1]. Nous donnons ces chiffres d'après les documents officiels récemment publiés, lesquels se rapportent à l'armée commandée aujourd'hui par l'amiral Hamelin. Dans le principe, l'escadre sous les ordres de l'amiral de La Susse, était moins forte.

à prévenir une rupture complète avec la Russie. Un événement imprévu la rendit inévitable.

En se décidant à répondre par la guerre à l'invasion des provinces danubiennes, la Porte avait adressé des ordres analogues aux troupes turques des frontières asiatiques. Celles-ci, comme nous le dirons plus tard, ouvrirent immédiatement les hostilités en se portant du pachalik d'Erzeroum sur la ligne méridionale des possessions russes. Elles s'étaient même emparées du fort important d'Akhalzikh sur le Kour (le Cyrus), dans la Géorgie, et elles assiégeaient Potti, autre forteresse russe, à l'embouchure du Phase dans l'Imérétie. Ce mouvement devait les mettre en communication avec les peuplades belliqueuses du Caucase, qui de leur côté se préparaient à fondre sur l'ennemi commun.

Mais les troupes d'Asie manquaient d'équipements et de munitions ; il était urgent de leur en envoyer. La Porte résolut de charger de ce soin une escadrille qu'elle dirigea sur Battoun, à l'extrême limite du gouvernement de Kars. Les vents contraires obligèrent cette flottille de relâcher à Sinope, port de l'Asie Mineure sur la côte nord-est de l'Anatolie.

Sinope, autrefois le principal établissement naval de la Turquie, a beaucoup perdu de son importance, depuis que les chantiers et les ateliers de construction de la Porte ottomane ont été transférés à Constantinople et réunis à l'arsenal. Les Turcs en ont successivement laissé tomber en ruine les fortifications et tous les ouvrages militaires. Ce n'est plus aujourd'hui qu'une rade ouverte, de 8 milles de profondeur sur 10 à 12 milles de largeur. Tous ses moyens défensifs consistaient, à l'époque où l'escadrille ottomane vint s'y abriter, dans une batterie de terre placée à la presqu'île de *Boze-Tépé*, et dans un pauvre fortin en briques situé à l'intérieur.

Malgré les assurances réitérées de l'empereur de Russie de concentrer les hostilités sur le Danube, d'éviter de généraliser la guerre et de s'abstenir de toute autre attaque contre la Turquie, l'envoi d'une simple escadrille sur un point aussi rapproché des établissements maritimes de Sébastopol n'avait pas été goûté des légations anglo-françaises. On se défiait en général des protestations russes, et les ambassadeurs auraient souhaité que l'expédition pût être retardée jusqu'à ce que leurs instructions leur permissent de la faire convoyer par quelques navires de la flotte européenne.

Malheureusement la Porte ne se rendit pas à cet avis. Soit qu'elle fît trop peu de compte des forces navales de son ennemi, soit que la nécessité de l'expédition fût en effet trop urgente pour qu'il y eût possibilité d'attendre, elle écouta l'opinion du capoudan-pacha, qui insistait pour le départ immédiat de la flottille. Plus malheureusement encore celui-ci en confia le commandement à deux vieux marins d'une bravoure incontestable, mais d'une capacité médiocre, Osman-Pacha et Hassan-Bey.

Arrivés à Sinope, les commandants turcs ne prirent aucune des précautions défensives que la situation des affaires et le caractère bien connu de l'ennemi semblaient naturellement exiger. Ils choisirent même de telle sorte leur position que le feu de la place pouvait leur devenir plus incommode qu'utile, la fumée, rabattue par un vent de nord-ouest, devant, en cas de combat, intercepter aux navires ottomans les mouvements des Russes. Ce fut précisément ce qui arriva.

Le 30 novembre, vers midi, par une mer fort agitée et par un brouillard des plus épais, une escadre russe de 18 voiles, dont 6 vaisseaux de haut bord et 4 frégates, se présenta dans le port de Sinope sous pavillon anglais. Le mauvais temps favorisa ce stratagème auquel nos marins donnent une qualification sévère. On put croire que l'escadre anglaise, sortie du Bosphore, cherchait à Sinope un abri contre la tempête qui soulevait la mer Noire.

Une fois engagés dans la rade, et assurés d'une bonne position, les Russes, ayant arboré leur vrai pavillon, sommèrent l'escadrille ottomane de se rendre. Celle-ci comptait à peine 12 voiles d'une portée fort secondaire, savoir : 7 frégates d'un faible échantillon, 3 corvettes et 2 bateaux à vapeur, *le Taïf* et *l'Eregli*. Cependant, elle prit immédiatement le parti de combattre. Jamais les Turcs ne se rendent aux Russes ; c'est chez eux un principe d'honneur et de nationalité.

A la sommation, une des frégates turques, qui se trouvait bord à bord d'un trois-ponts russe, lui lâcha toute sa bordée presque à bout portant ; le colosse chancela et bientôt coula bas avec tout son équipage. Mais les forces étaient trop inégales : ce succès partiel disparut dans le désastre de l'escadrille ottomane, aisément foudroyée par l'artillerie supérieure des vaisseaux de haut bord. Après cinq heures de combat, elle fut entièrement anéantie. Hassan-Bey, qui s'était battu avec le courage du désespoir, avait vu son navire s'abîmer dans les flots. Resté seul

Maréchal Paskewitch.

de son bord et couvert de blessures, il cherchait à gagner la terre sur un débris flottant, lorsqu'il fut atteint d'une balle russe à la tête. Quant à Osman-Pacha, l'ennemi le recueillit sanglant, inanimé, avec environ 250 de ses marins; sur 4000 hommes d'équipages, plus de la moitié avait péri; le reste put se sauver à la nage.

Au commencement de l'action, un des deux vapeurs ottomans, *le Taïf*, qui se trouvait le plus rapproché de l'entrée du port, réussit à gagner le large en se glissant à travers la flotte russe. Poursuivi par deux steamers moscovites, il les attira à quelque distance en pleine mer, puis tout à coup, virant de bord, il leur livra bataille. Après un combat acharné, il parvint à couler un des steamers, et força l'autre à s'éloigner. *Le Taïf* avait reçu 17 boulets dans sa coque. Il se dirigea ensuite sur Constantinople, et ce fut lui qui y porta la nouvelle de cette malheureuse journée.

Lorsqu'elle y parvint, les amiraux et les ambassadeurs de France et d'Angleterre purent regretter de n'avoir pas, par une appréciation plus judicieuse de la situation, fait entrer les flottes dans la mer Noire, ce qui aurait prévenu l'affreuse catastrophe. Mais le sang versé par les Russes, avec assez peu d'utilité pour leur cause, servit la cause ottomane mieux que ne l'aurait fait une victoire. Ce fut un cri d'indignation dans toute l'Europe, où retentissaient encore les solennelles protestations d'humanité, de désir sincère d'épargner les maux de la guerre et autres promesses tant de fois prodiguées par Nicolas. La réprobation devint plus vive encore et plus unanime lorsqu'on apprit que la ville de Sinope elle-même avait été bombardée et incendiée par les Russes.

En Angleterre, où il existait quelque divergence d'opinion dans le cabinet sur l'opportunité de mesures décisives à prendre contre la Russie, toute division cessait immédiatement. L'opinion publique imposa silence aux partis; le peuple, le parlement et la cour, tout se réunit dans la même pensée, de châtier enfin une puissance barbare et sans foi.

Le gouvernement français avait adopté depuis longtemps les mêmes vues.

Les ministres ottomans réclamèrent le concours actif des flottes dans la mer Noire[1]. On s'empressa de déférer

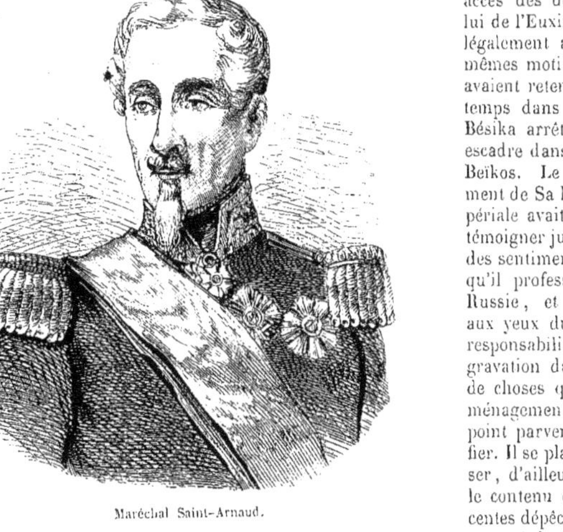

Maréchal Saint-Arnaud.

à leur vœu. Une circulaire du ministre des affaires étrangères de France annonça la mesure et en expliqua la nécessité.

Rappelant une dernière fois l'origine de la question d'Orient, le ministre exposait brièvement les négociations engagées, leurs résultats successifs, la violation des traités par la Russie qui avait envahi, sans droit, les deux principautés danubiennes, et l'obligation qui en était résultée pour la France et l'Angleterre d'envoyer leurs flottes d'abord à Bésika, ensuite dans les Dardanelles. Elles auraient pu franchir le Bosphore. « Aucun traité, disait M. Drouyn de Lhuys[1] n'interdisait à nos vaisseaux de guerre la navigation de la mer Noire. Le traité du 13 juillet 1841, en fermant en temps de paix les passages des Dardanelles et du Bosphore, réservait au sultan la faculté de les ouvrir en temps de guerre, et, du jour où Sa Hautesse nous avait laissé le libre accès des détroits, celui de l'Euxin nous était légalement acquis. Les mêmes motifs qui nous avaient retenus si longtemps dans la baie de Bésika arrêtaient notre escadre dans la rade de Beïkos. Le gouvernement de Sa Majesté Impériale avait à cœur de témoigner jusqu'au bout des sentiments d'amitié qu'il professe pour la Russie, et de rejeter aux yeux du monde la responsabilité d'une aggravation dans un état de choses que tous ses ménagements n'étaient point parvenus à modifier. Il se plaisait à penser, d'ailleurs, d'après le contenu de plus récentes dépêches de M. le général de Castelbajac, que le cabinet de Saint-Pétersbourg, satisfait d'une prise de possession qu'il considérait comme un gage, ne prendrait nulle part l'offensive dans la lutte qu'il a si malheureusement commencée avec la Turquie. Il nous paraissait suffire que la présence de notre pavillon dans les eaux de Constantinople attestât notre ferme intention de protéger cette capitale contre un danger soudain, et nous ne voulions pas que son apparition prématurée dans les parages plus rapprochés du territoire russe risquât de passer pour une provocation.

« L'état de guerre rendait, sans doute, une collision possible sur mer comme sur terre entre les parties belligérantes; mais nous avions été autorisés à croire que notre réserve serait imitée par la Russie, et que ses amiraux éviteraient avec le même soin que les nôtres les occasions d'une rencontre, en s'abstenant de procéder à des

---

1. Dépêche de Reschid-Pacha, du 5 décembre 1853, aux ambassadeurs lord Redcliffe et Baraguey-d'Hilliers.

1. Circulaire du 30 décembre 1853.

mesures d'agression dans des limites où , si nous avions pu supposer le cabinet de Saint-Pétersbourg animé d'intentions différentes , notre escadre aurait certainement exercé une surveillance plus active.

« L'événement de Sinope , s'est donc produit en dehors de toutes nos prévisions , et ce fait déplorable modifie également l'attitude que nous aurions désiré garder.

« L'accord qui s'est opéré récemment à Vienne entre la France , l'Autriche , l'Angleterre et la Prusse a établi le caractère européen du différend qui existe entre la Russie et la Porte. Les quatre cours ont solennellement reconnu que l'intégrité territoriale de l'empire ottoman était une des conditions de leur équilibre politique. L'occupation de la Moldavie et de la Valachie constitue une première atteinte à cette intégrité , et il n'est pas douteux que les chances de la guerre ne puissent encore l'entamer davantage.

« M. le comte de Nesselrode , il y a quelques mois, représentait comme une compensation nécessaire à ce qu'il appelait dès lors notre *occupation maritime* l'envahissement des principautés du Danube. A notre tour , nous croyons qu'il est devenu indispensable de mesurer nous-mêmes l'étendue de la compensation à laquelle nous donnent droit et notre titre de puissance intéressée à l'existence de la Turquie et les positions militaires déjà prises par l'armée russe. Il nous faut un gage qui nous assure le rétablissement de la paix en Orient à des conditions qui ne changent pas la distribution des forces respectives des grands États de l'Europe.

« Le gouvernement de Sa Majesté Impériale et le gouvernement de Sa Majesté Britannique ont, en conséquence, décidé que leurs escadres entreraient dans la mer Noire et combineraient leurs mouvements de façon à empêcher le territoire ou le pavillon ottoman d'être en butte à une nouvelle attaque de la part des forces navales de la Russie.

« MM. les vice-amiraux Hamelin et Dundas vont recevoir l'ordre de communiquer à qui de droit l'objet de leur mission , et nous nous plaisons à espérer que cette démarche loyale préviendra des conflits que nous ne verrions éclater qu'avec le plus vif regret. Le gouvernement de l'empereur , je le répète , n'a qu'un but : celui de contribuer à opérer , à des conditions honorables , un rapprochement entre les deux parties belligérantes ; et , si les circonstances l'obligent à se prémunir contre des éventualités redoutables , il conserve la confiance que le cabinet de Saint-Pétersbourg, qui a donné de si nombreux exemples de sa sagesse , ne voudra pas exposer l'Europe , à peine remise de ses secousses, à des épreuves que la haute raison des souverains a su lui épargner depuis de si longues années. »

A ce qu'il y avait encore d'obscur et de diplomatique dans cette publication , l'opinion publique suppléa sans peine. L'expression singulière d'*occupation de la mer Noire* ne pouvait être douteuse pour personne. C'était la rencontre inévitable des flottes anglo-française et russe, si la dernière quittait son abri de Sébastopol ; ce devait être aussi l'attaque plus ou moins prochaine des établissements russes par les flottes combinées.

Le cabinet de Saint-Pétersbourg essaya pourtant de s'y tromper. Il avait contesté aux deux puissances maritimes le droit d'envoyer leurs escadres en observation devant les Dardanelles [1] , prétendant même , quoique les dates

prouvassent précisément l'inverse , que c'était ce mouvement qui avait déterminé le passage du Pruth par l'armée russe. Il ne craignit pas de demander quel était le sens de l'entrée des flottes combinées dans la mer Noire.

Pour toute réponse on le renvoya aux instructions qui venaient d'être adressées aux amiraux et qui furent rendues publiques. Elles leur ordonnaient d'interdire aux bâtiments russes tout mouvement extérieur et d'employer, au besoin , la force pour les renfermer dans leurs ports ou les y ramener. En même temps, la France et l'Angleterre, resserrant de plus en plus les liens de leur alliance avec la Turquie , délibéraient sur les moyens de joindre à l'action de leurs flottes le concours décisif d'une armée de terre.

En apprenant ces dispositions, le tzar sentit que la situation devenait sérieuse. La Turquie, seule et sans secours effectif, avait résisté, beaucoup plus même qu'on ne pouvait s'y attendre. Avec ses alliés, elle allait prendre l'offensive et c'était à l'agresseur de songer maintenant à se défendre. De nouvelles levées furent ordonnées dans tout l'empire. Un ukase les porta jusqu'à neuf pour mille , et elles furent encore augmentées par la suite. Mais des soldats , des recrues surtout ne suffisaient pas. Il faut un général , et l'emphase des bulletins russes sur leurs brillantes victoires dans le Caucase et ailleurs n'a pas encore réussi à créer un seul homme en état de commander une armée de quelque importance. Nicolas sait mieux que personne à quoi s'en tenir sur le mérite réel de ses généraux.

Il s'adressa , dans sa détresse, au seul officier qui ait jamais eu sa confiance. Il fit appeler Paskewitch , comte d'Érivan , prince de Varsovie , généralissime des forces russes en Pologne , le personnage le plus élevé de l'empire après l'empereur lui-même.

II.

Ce n'est pas en Russie qu'est né Paskewitch , c'est en Pologne , à Mohilew , sur les frontières de la Lithuanie. Il est donc Polonais : sa famille, originaire de Sibérie, portait le nom de Paskè , la terminaison *witch* y fut ajoutée lorsqu'il entra au service de la Russie, selon l'habitude du gouvernement de *russifier* tout ce qu'il s'approprie.

Très-jeune, il avait à peine quinze ans, Paskéwitch eut l'honneur de combattre sous les ordres de Kosciusko. Il assistait à cette affaire suprême où le héros de Pologne ne poussa pas ce cri de désespoir qu'on lui attribue si faussement : « *Finis Poloniæ!* »

L'histoire s'obstine , même de nos jours, à répéter cette erreur déplorable, malgré le démenti qu'y donna Kosciusko lui-même dès qu'il eut connaissance d'une fable inventée par les agents russes pour l'exploiter au profit de leur gouvernement.

Kosciusko savait trop bien que les nationalités *ne finissent point*, pour laisser échapper une telle parole de découragement. Sa vertu modeste et sa foi patriotique, qui l'ont rendu si grand, ne lui auraient point permis de penser qu'après lui quelque autre héros, quelque autre libérateur, ne surgirait pas des ruines de la Pologne pour la venger, pour l'affranchir d'un esclavage infâme. Non, en-

---

1. Dépêche de M. de Nesselrode.

core une fois, Kosciusko n'a point prononcé ce mot fatal [1] et si l'idée qu'il exprime est sortie réellement d'une bouche polonaise, ce ne peut être que parmi ces âmes tièdes ou vendues au nombre desquelles le jeune Paskewitch n'hésita pas à se ranger dès qu'il s'aperçut que la fortune ne favorisait plus sa patrie.

Au mois d'août 1792, Paskewitch échangea les nobles couleurs nationales contre la cocarde noire.

Son avancement fut rapide. Il assista aux batailles que les armées de la coalition livrèrent aux Français. Il se battit à Smolensk, à Moscou, à Leipsick. En 1812 il avait le grade de major général et commandait une brigade sous les ordres du prince Bagration. En 1814, il entra à Paris avec les armées coalisées.

Toutefois, dans cette longue guerre qui vit naître et finir tant de réputations militaires, il n'avait point encore trouvé l'occasion de se distinguer particulièrement. Grand amateur de la discipline et poussant jusqu'à la minutie, comme beaucoup de généraux russes, l'exigence du service, il était ce qu'on nomme, dans l'armée française, un *officier correct*.

Ce ne fut guère qu'en 1827 qu'il attira sur lui l'attention spéciale de l'autocrate.

Nicolas, à cette époque, avait sur la Perse à peu près la même *amitié*, les mêmes vues de *protection généreuse et désintéressée* qu'il a maintenant sur la Turquie : il voulait simplement s'approprier une partie de son territoire en attendant qu'il pût absorber le reste.

Le fils aîné du schah régnant, Abbas-Mirza, qui se souciait peu d'échanger la perspective d'un trône indépendant contre l'*affection*, c'est-à-dire la vassalité que lui offrait le tzar, avait rassemblé sur les frontières de la Géorgie, dans le Schirwan, une armée de 50 000 hommes. Ce n'était malheureusement qu'un ramassis de vagabonds et de pillards, plus dangereux à leurs compatriotes qu'à l'ennemi. Ils comptaient à peine 8 à 10 000 *sarbazes* ou soldats à moitié disciplinés.

Cependant ces pauvres troupes ayant obtenu quelques avantages partiels sur les cantonnements russes, ce qui les remplit de confiance et de témérité, le tzar dut songer à leur opposer un général d'une certaine valeur. Il jeta les yeux sur Paskewitch. Celui-ci, réunissant les divers corps échelonnés sur le versant oriental du Caucase et dans la Géorgie, se vit à la tête d'une armée de 36 000 fantassins, avec une bonne artillerie, 1200 hommes de cavalerie régulière, 6000 Cosaques.

La bataille d'Elisabethpol qu'il livra aux troupes d'Abbas-Mirza mérite à peine d'être racontée [1].

« L'armée persane était divisée en trois colonnes flanquées par la cavalerie garnissant également les intervalles.

« L'artillerie russe ouvrit le feu et fit des ravages énormes dans ces masses, qui se mirent enfin en mouvement pour charger l'ennemi. Mais, à la première décharge de l'infanterie russe, les Perses lâchèrent pied; la réserve en fit autant, et s'enfuit du champ de bataille sans brûler une amorce.

« Abbas-Mirza, le sabre à la main, essayait d'arrêter les fuyards; mais il finit par être emporté par la défaite générale. Il quitta le champ de bataille désespéré de la lâcheté de ses troupes, et comprenant enfin que le fanatisme religieux ne suffit pas pour sauver un pays.

1. Les *Hommes de la guerre d'Orient*, MARÉCHAL PASKEWITCH. — Par E. Texier. — Alphonse Taride.

« La perte du côté des Persans s'éleva à 2000 hommes; les Russes perdirent 5 hommes, et un *auditeur*, espèce d'employé de l'intendance, qui, ayant voulu mettre le nez au-dessus des retranchements du camp, reçut une flèche dans l'œil.

« Le trésor d'Abbas-Mirza fut pillé par ses propres soldats.

« C'est le 27 septembre 1827 que fut livrée cette grande bataille, à la suite de laquelle Paskewitch passa à l'état de héros pour avoir tiré quelques coups de canon et perdu 6 hommes dont 1 *auditeur*.

« Quelques jours après le pavillon russe flottait sur une baraque construite à l'entrée de Deh-Korgan, petit village situé à quelques lieues de Tauris.

« On était au commencement du mois de novembre 1827, et le général Paskewitch entouré de son état-major attendait le prince royal de Perse sur le seuil de la baraque préparée pour les conférences.

« A dix heures du matin une salve d'artillerie annonçait l'arivée du prince vaincu. On vit alors s'avancer un homme de quarante ans environ, monté sur un cheval de race magnifiquement harnaché. Ses traits étaient doux et réguliers, ses yeux ouverts, vifs, pénétrants, son teint pâle, sa barbe longue et noire. Il portait un costume d'une extrême simplicité, sauf un poignard étincelant de pierreries qui ornait sa ceinture.

« Cet homme, dont l'aspect général inspirait la sympathie et le respect, était le vaincu d'Elisabethpol, l'héritier du trône de Perse, le brave et infortuné Abbas-Mirza.

« Rien ne fut décidé dans cette première conférence; mais quatre mois après, le village de Tourmantchaï fut choisi pour échanger les ratifications d'un traité dont voici les dispositions principales :

« Article 1er. — Il y aura paix et amitié perpétuelle entre la Perse et la Russie.

« Art. 2. — Le traité de Gulistan est et demeure révoqué; le présent traité lui sera désormais substitué.

« Art. 3. — La Perse cède à la Russie le kanat d'Érivan et le kanat de Nakhitschevan.

« Les articles quatrième et cinquième sont consacrés à déterminer d'une façon rigoureuse la ligne de démarcation des frontières.

« Art. 6. — La Perse payera à la Russie une indemnité de 80 millions de roubles dans des délais qui seront stipulés.

« Art. 7. — Le prince Abbas-Mirza *est reconnu par la Russie comme héritier présomptif de la couronne de Perse.*

« Art. 8. — Les Russes navigueront librement sur toute la mer Caspienne et *pourront seuls y entretenir des bâtiments armés.* »

Si ce traité n'ajoute rien à la gloire du général, il atteste au moins la profonde habileté du cabinet qui l'a rédigé. Sans négliger les avantages du présent, il ménage soigneusement ceux de l'avenir. Tous les termes en sont calculés de manière à préparer peu à peu l'intervention de la Russie dans les affaires intérieures de la Perse et dans le règlement de la succession souveraine : après quoi il ne reste plus qu'un pas pour arriver à la suzeraineté, c'est-à-dire à l'exercice même du pouvoir souverain, et, par suite, à la domination de toute la monarchie persane.

Après de tels services, les honneurs allèrent au-devant du général : il en fut accablé. On lui décerna le titre d'*Eriwanski*, pour s'être emparé de la ville d'Eriwan, à peine défendue par des fortifications en pisé ; on lui donna le titre de feld-maréchal ; on fit chanter un *Te Deum* en l'honneur *de ses victoires* ; et l'empereur donnant le ton, les courtisans répétèrent à l'envi que Paskewitch était le plus grand capitaine des temps modernes.

Jamais les Roumiantzow , les Munich, les Souwarow, de vrais capitaines ceux-là , n'avaient obtenu, aux jours de leur plus grande faveur , la moitié des récompenses décernées à Paskewitch. Le secret de cette comédie à grand orchestre , c'est que le tzar avait besoin de relever le moral de ses troupes découragées par leurs succès

meurtriers en Turquie et dans le Caucase ; c'est qu'il fallait rétablir le prestige des armes russes aux yeux de l'Europe. Il cherchait un héros , un nouveau César qui pût vaincre et négocier. Il décréta que ce serait Paskewitch, comme il avait décrété, dans une autre occasion, que telle aventure scandaleuse arrivée dans sa cour *n'avait pas eu lieu*[1].

Le vainqueur d'Eriwan , le gouverneur général de Tiflis et de toutes les provinces transcaucasiennes , devait être chargé naturellement de mettre à la raison les Circassiens qui, en 1830, sous les ordres du célèbre Kasi-Moullah, prédécesseur de Schamyl, se permettaient de

Soldats anglais.

repousser le joug de la Russie, en infligeant parfois à ses généraux de sanglantes défaites.

Dans cette guerre terrible où les conquêtes se bornèrent à quelques lieues de rochers sans cesse disputés et dont la possession coûtait chaque jour de nouveaux combats, Paskewitch ne fut pas vaincu, ce qui est beaucoup ; mais c'est dans son camp qu'eut lieu cet exploit célèbre des vingt-cinq Lesghis[1], dont le souvenir fait encore pâlir aujourd'hui les armées russes dirigées par le tzar contre ces intrépides populations.

Paskewitch donnait une soirée dans son hôtel à Tiflis

lorsqu'on vint le prévenir que son camp retranché près de la ville venait d'être surpris par les ennemis. Les sentinelles , disait le messager, ont été massacrées, on égorge les soldats dans les tentes et déjà des centaines de morts couvrent le sol.

« Le général fait sonner le rappel et se porte de sa personne au lieu du combat. A la voix de leurs chefs , les Russes se rallient et se défendent. On cerne l'ennemi , qui essaye en vain de se frayer un passage à travers les assaillants. Voyant que la fuite est impossible, les vainqueurs se poignardent plutôt que de tomber vivants aux mains des Russes.

1. Tolstoï, *Vie de Paskewitch.* — *Révélation sur la Russie.* — T. III, p. 275.

1. *Russie contemporaine*, p. 72.

« On en compta vingt-quatre sur le champ de bataille. A leur costume, on reconnut des montagnards de la tribu des *Lesghis*.

« Le général ordonna de se mettre à la poursuite du reste de la troupe.

« A cet ordre, on vit paraître un étrange sourire sur les lèvres d'un montagnard dont on avait arrêté le bras au moment où il allait se frapper, le seul qu'on ait pu faire prisonnier.

« Interrogé par le général lui-même, il répondit que, descendus des montagnes au nombre de vingt-cinq, ils avaient traversé l'Alezan, le Yori et la Géorgie jusqu'à Tiflis. Arrivés à la chute du jour et abandonnant leurs chevaux, ils s'étaient introduits, à la faveur des ténèbres, dans le camp des dragons, tuant tous les soldats qui se présentaient, éteignant les lumières et se reconnaissant les uns les autres en se tâtant la barbe.

« Les Russes, ajoute M. E. Texier, refusaient de croire à tant d'audace et de courage. Cependant les troupes envoyées à la poursuite des montagnards étaient revenues sans avoir trouvé trace de fuite d'un corps plus nombreux. On avait retrouvé les vingt-cinq chevaux dans un bois isolé, à une lieue de la ville. Il n'y eut pas moyen de révoquer en doute le récit du Lesghis. »

Soldats français.

Cependant la révolution de Varsovie venait de remettre en question la domination de Nicolas sur la Pologne. A l'annonce de notre révolution de 1830, les Polonais avaient chassé Constantin, vice-roi du tzar, à peu près comme nous avions chassé Charles X. Avec un ennemi comme les Russes c'était la guerre, une guerre terrible. En effet, Diébitch *Zabalkanski* marcha bientôt sur la capitale avec une armée de 120 000 hommes et 396 pièces de canon[1].

« A cette armée nombreuse et à cette artillerie formidable, les Polonais n'avaient à opposer que 60 000 hommes environ et quelques pièces de canon. Sur ces 60 000 hommes, 40 000 seulement étaient des troupes régulières ; le reste, composé de volontaires et de recrues non encore exercées, était occupé d'ailleurs à garnir les places fortes et à occuper certains points du territoire. 120 000 Russes en réalité bien armés, bien organisés, bien disciplinés, allaient se battre contre 40 000 Polonais sans artillerie.

« A Dabré, à Wawer, l'armée polonaise soutint le choc de l'armée russe sans perdre un pouce de terrain.

« A Groschow, l'avant-garde du maréchal Diébitch fut détruite en détail, il resta à peine quelques soldats du régiment des cuirassiers surnommés les *Invincibles*.

« A Stoczeck, une division russe est complétement défaite ; on lui prend 400 prisonniers et 10 pièces de canon.

« Tels furent les résultats de la première campagne du

1. Les *Hommes de la guerre d'Orient*, etc.

maréchal Diebitsch. Ces résultats produisirent une impression profonde sur l'esprit du tzar.

« L'effectif de l'armée polonaise s'était accru d'une vingtaine de mille hommes au début de la seconde campagne, c'est-à-dire en mars 1831 ; mais l'armée russe avait également reçu des renforts, de sorte que la proportion se trouvait maintenue entre les deux camps.

« A Wawer, les Russes fuirent de nouveau devant les Polonais ; à Dembé, saisis d'une terreur panique, ils jettent leurs armes, abandonnent le champ de bataille et se laissent emmener prisonniers par des paysans. 12 000 hommes tombèrent ainsi entre les mains des Polonais.

« Après une lutte de sept heures, on vit à Iganié les vétérans russes lâcher pied devant l'ennemi et fouler aux pieds les aigles de leurs shakos, témoignant ainsi le violent mépris qu'ils éprouvaient pour leurs officiers et le profond découragement qui était dans leurs âmes. . .

. . . .

« C'est alors que Diebitsch *mourut subitement du choléra*, peu d'heures après l'arrivée d'un homme tristement célèbre que Nicolas envoyait à son infortuné général, le comte Orloff, petit-fils de l'assassin de Pierre III, l'âme damnée du tzar actuel et le chef suprême de la police.

« Le seul général de prestige qui pût relever le moral de l'armée russe était l'heureux et facile vainqueur des Perses, Paskewitch Eriwanski. Ce fut donc lui que l'empereur plaça à la tête de ses troupes.

« Nous ne voulons pas remuer les cendres d'un passé douloureux. On sait comment a péri la révolution polonaise, par la jalousie des chefs, par l'absence d'unité dans le commandement, par le tiraillement des opinions et des influences. La révolution polonaise, terrible encore et vigoureuse en apparence sur le champ de bataille, était frappée au cœur de la maladie qui devait la tuer, l'anarchie.

« Quand Paskewitch prit le commandement de l'armée russe, les Polonais divisés ne s'entendaient plus entre eux, les factions se faisaient une guerre acharnée et déchiraient la patrie en se déchirant les uns les autres. On en était venu à ce triste et fatal moment où l'aveugle discorde soulève d'affreuses passions dans les cœurs les plus fermes, dans les âmes les plus droites, où dans l'ardeur furieuse qui emporte les partis et les met aux prises, on s'aperçoit quelquefois avec horreur qu'on est près de préférer le triomphe de l'ennemi à celui de son adversaire. C'est là l'ordinaire et triste effet des guerres civiles. . .

« Paskewitch, on le voit, s'était présenté à l'heure favorable. Son bonheur habituel ne lui avait point fait défaut.

« Les dispositions prises par le nouveau général de l'armée russe pour en finir avec l'insurrection polonaise sont loin d'indiquer un génie militaire supérieur.

« Après un court intérim, le général Toll céda le commandement au feld-maréchal Paskewitch le 24 juin ; pendant trois mois il fut tenu en échec par des forces inférieures des deux tiers aux siennes. Enfin, les gros bataillons finirent par l'emporter, et l'armée polonaise dut se borner à la défense de Varsovie. Ce grand et terrible drame, devant lequel la France et l'Angleterre, les deux puissances libérales du continent, restèrent impassibles, touchait à son dénoûment.

« 20 000 Russes étaient étendus à l'entrée des faubourgs de Varsovie. Les Polonais avaient perdu 6000 hommes, il n'était plus possible de sauver la ville, mais on pouvait encore porter la guerre sur un autre point. Paskewitch le craignit. Les intelligences qu'il s'était de longue main ménagées dans la place lui apprirent que le projet était formé de se retirer en Lithuanie, et d'y rallumer un nouveau foyer d'insurrection. Un corps polonais de 20 000 hommes et de 50 pièces de canon s'était mis en marche sur la forteresse de Modlin. La lutte pouvait recommencer. Paskewitch fut assez heureux pour empêcher ce résultat. On renonça à la guerre et on se résigna à l'exil.

« 30 000 Polonais environ s'étaient réfugiés en Prusse, la Gallicie en avait reçu un nombre à peu près égal. Toute la Pologne militaire abandonnait sa patrie. Nicolas consentait bien à perdre les officiers sur lesquels il savait bien qu'il lui était impossible de compter, mais il voulait garder les sous-officiers et les soldats.

« Leur répugnance à rentrer en Pologne sous la domination du vainqueur était grande ; mais toutes les voies parurent bonnes, même la violence, pour leur faire accepter un pardon auquel ils ne croyaient pas. A peine de retour en Pologne ils se virent transportés au fond de la Russie et incorporés dans des régiments moscovites.

« C'est en vertu d'une capitulation que le feld-maréchal Paskewitch est entré à Varsovie. Les prisonniers devaient être rendus à la liberté ; les mines de l'Oural et les déserts glacés de la Sibérie sont là pour attester comment les conditions de cette capitulation ont été remplies.

« A l'heure qu'il est, des milliers de martyrs expient au bout du monde, dans les plus pénibles travaux, au milieu des souffrances les plus horribles, des plus terribles privations morales et matérielles, le tort d'avoir cru à la parole du feld-maréchal Paskewitch. »

Un grand triomphe était destiné à l'heureux vainqueur des Persans et des Polonais. Le lendemain de son retour à Saint-Pétersbourg, au milieu d'une cérémonie imposante ordonnée pour rendre grâce à Dieu de l'égorgement de la Pologne, l'empereur Nicolas, au moment du défilé, en présence de toute l'armée et de sa cour, s'avança vers Paskewitch et lui dit :

« Paskewitch Eriwanski, je te nomme prince de Varsovie ; désormais, dans toute l'étendue de l'empire, tu jouiras de tous les honneurs attachés à ma personne souveraine. »

Et en même temps il lui donna l'accolade, au bruit des salves de l'artillerie et des *hourrahs* prolongés de 100 000 soldats.

Un sujet ne pouvait être élevé plus haut par son souverain, et il était impossible de rien ajouter à de tels honneurs.

Aussi, la dernière campagne de Paskewitch, cette campagne de Hongrie, si courte, si décisive et si funeste aux yeux de tout ami de la liberté européenne, ne put-elle augmenter sensiblement le nombre des titres et des lauriers officiels dont l'autocrate avait surchargé son vieux général. On sait comment se termina cette désolante affaire, grâce à un concours inouï de dissensions entre les chefs magyars, de revers succédant à d'inespérés succès, de collisions de races entre les populations hongroise et slave, de défections inattendues, et surtout, grâce à l'odieuse trahison de Georgey, après laquelle Paskewitch put écrire à son maître cette lettre célèbre : « Sire, la Hongrie est aux pieds de Votre Majesté ! » — Parole flatteuse qui dut chatouiller l'orgueilleuse ambition du tzar, mais qui s'enfonça profondément au cœur de l'armée autrichienne, et que les hommes d'État du conseil aulique ne devaient pas oublier !

Quant à Nicolas, cette constante prospérité du général ne pouvait qu'augmenter la confiance fatidique qu'il avait en lui. Il n'est donc pas étonnant que malgré son grand âge — né en 1777, Paskewitch est maintenant dans sa soixante-dix-septième année — malgré même la répugnance assez peu déguisée du maréchal à accepter un commandement où sa réputation pourrait subir de graves atteintes, il n'est pas étonnant, disons-nous, que le tzar ait persisté à l'en charger. Dans l'étrange pénurie où il se trouve de généraux capables, en face d'une guerre qu'il a provoquée, mais dont les proportions grandissent au delà de tous ses calculs, il devait nécessairement faire un dernier appel au *bonheur* du prince de Varsovie.

CHAPITRE VII.

LES HOSTILITES (suite).

I.

Paskewitch prend le commandement de l'armée russe. — Nouvelles dispositions de ce général ; il passe le Danube. — Combats de Matschin, Touldscha, etc. — La Dobrutscha. — Position des deux armées

Il serait injuste, nous le croyons du moins, de ne voir dans Paskewitch que ce qu'on nomme un *général heureux*. Il a du bonheur sans doute, un bonheur à peu près constant jusqu'ici ; mais il a aussi du coup d'œil, de l'initiative, et l'habitude de diriger des masses le rend plus propre que tout autre à se mesurer avec des hommes tels qu'Omer-Pacha et les chefs de l'armée auxiliaire.

Dès son arrivée sur le théâtre des opérations, il reconnut aisément que les dispositions de ses prédécesseurs, Gortschakoff et Ludders, ne pouvaient être maintenues. Pour occuper les deux principautés, selon les ordres de Saint-Pétersbourg, l'armée russe avait dû s'étendre le long du Danube, depuis son embouchure jusqu'au point extrême où il entre en Servie et dans les États de l'Autriche, ce qui forme un espace de plus de quatre-vingts lieues. Les Russes, disséminés sur cette longue ligne, avaient rencontré partout les forces ottomanes, qui partout avaient soutenu leur choc avec fermeté et les avaient battus en plusieurs rencontres.

Bien plus, Omer-Pacha lui-même avait traversé le Danube, et la forte position qu'il avait prise sur la rive gauche à Kalafat ne permettait plus de songer à pénétrer en Bulgarie par le cours supérieur du fleuve.

Paskewitch se hâta de changer sa ligne d'opérations. Il replia sa droite derrière l'Olt, entre cette rivière et la Dombowitza, en évacuant la petite Valachie de manière à s'établir perpendiculairement au Danube. Puis il voulut prolonger sa perpendiculaire sur le territoire ottoman proprement dit, en jetant son aile gauche dans la Dobrutscha, partie de la Bulgarie comprise entre le Danube et la mer Noire, en avant de Varna et de Silistrie. Pour y parvenir, il eut soin de masser un corps considérable à Galatz et à Ismaïl en Bessarabie, tandis qu'un autre corps presque aussi nombreux faisait la démonstration de passer le Danube à la hauteur de Silistrie et d'Hirsowa. En attirant ainsi sur deux points différents l'attention d'Omer-Pacha et en l'obligeant à diviser ses forces, il put en effet franchir le fleuve sur des bateaux et sur un pont qu'il avait fait construire en face de Galatz.

Le passage s'effectua le 22 mars à quatre heures du matin.

40 000 hommes avaient été disposés pour cette opération. Les Russes commencèrent par foudroyer de leur artillerie la petite forteresse de Matschin, qu'ils durent canonner toute la journée.

Le 23, à sept heures du matin, ils recommencèrent le feu, et la forteresse n'étant plus qu'un monceau de cendres, ils traversèrent le fleuve sous la protection de leur flottille. Presque en même temps, deux autres passages s'effectuaient en avant de Galatz et d'Ismaïl, mais non sans éprouver de fortes pertes, les Russes ayant été obligés de donner l'assaut aux redoutes en terre élevées par les Turcs sur la rive droite, et derrière lesquelles ils se défendaient avec leur intrépidité accoutumée. C'est là que fut tué le général de génie Dabrowski.

« Les forces que les Turcs, dit le *Moniteur français*, avaient à opposer aux Russes n'étaient que de 1200 hommes d'infanterie régulière, 800 bachi-bouzouk, 400 Tartares, 1 escadron de cavalerie et 4 pièces de campagne.

« Les Russes furent reçus par un feu d'infanterie trèsnourri qui dura fort avant dans la nuit et fit de grands ravages dans leurs rangs. Bien qu'ils fussent environ cinq contre un, ils ne purent se rendre maîtres des retranchements derrière lesquels les Turcs leur opposaient une résistance héroïque.

« Ce n'est qu'à minuit, et lorsque des 1200 réguliers il ne restait plus que 160 hommes, dont 90 étaient blessés, que l'ennemi parvint à prendre la position d'assaut. Les 90 blessés furent faits prisonniers et envoyés à Ismaïl.

« La perte des Turcs a été de 1200 morts et blessés, et de 115 prisonniers.

« Les Russes ont eu 4000 hommes hors de combat, dont 70 officiers.

« L'armée russe était tellement découragée par la perte énorme qu'elle avait essuyée dans cette affaire, que ce n'est que le lendemain, à trois heures après midi, qu'elle est entrée à Toultcha. Le général Uschaloff avait fait camper ses troupes hors de la ville ; mais il fut obligé d'y introduire trois bataillons pour contenir les volontaires grecs de l'armée, qui y commettaient les plus grandes atrocités. Ces scrupules du général n'ont pas empêché toutefois qu'il ne livrât lui-même la ville pendant deux jours au pillage de ses soldats. La perte des négociants grecs, autrichiens et anglais est considérable. »

En somme, l'action avait été plus meurtrière qu'importante, et il est à croire que le général ottoman tenait peu à empêcher l'armée russe de s'étendre dans la Dobrutscha.

La Dobrutscha turque, dite Tartarie de la Dobrutscha, est un terrain marécageux et pestilentiel, l'un des plus mauvais que puisse occuper un corps d'armée en campagne. La tradition rapporte qu'autrefois le Danube, au lieu de faire un coude vers le nord comme aujourd'hui à la hauteur de Rassova, allait directement à la mer et s'y jetait à Kustendji. L'examen des localités semble confirmer ces conjectures. La vallée qui sépare Rassova de la mer Noire est au plus de douze lieues, et la coupe des collines qui la bordent paraît indiquer le passage d'un cours d'eau considérable.

On pense qu'un de ces tremblements de terre si fréquents dans ces contrées aura brusquement changé la direction du fleuve, en bouleversant le sol. En 1834, lorsque surgirent les premières difficultés élevées par la Russie à propos des bouches du Danube, il a été fortement question de rétablir son ancien lit en ouvrant un canal de Rassova à Kustendji. Cet important travail aurait eu pour résultat d'abréger la navigation du fleuve de près de 100 lieues, et de la soustraire aux exigences russes. Quoi qu'il en soit de ces hypothèses, ce qui est hors de doute, c'est que la Dobrutscha est en partie couverte de marais et de mares d'eau stagnantes qui en font un séjour dangereux et rendent extrêmement difficiles les opérations militaires.

Cette sorte de presqu'île a pour limites au sud les ruines de l'ancienne muraille de Trajan, qui commencent non loin de Rassova, près de Tchernawoda. On peut suivre les traces de cette gigantesque construction romaine, au sommet des collines auxquelles elle servait de couronnement. Les vestiges d'un camp et de ses retranchements se reconnaissent également sous les gazons émaillés qui les recouvrent. Ces fortifications avaient été établies pour repousser les incursions des barbares dans les plaines du haut Danube, et elles étaient protégées par un immense fossé qui subsiste encore.

L'occupation de cette presqu'île insalubre par Paskewitch rappelle le plan de campagne suivi par Diébitch en 1828. Ce fut aussi par la Dobrutscha que l'armée russe pénétra à cette époque en Bulgarie. Mais alors la flotte russe était maîtresse de la mer. Elle put assiéger Varna et s'en emparer, grâce à la trahison du commandant Yousouf, achetée fort cher, mais que Nicolas ne pouvait trop payer puisqu'elle lui donna les moyens de ravitailler l'armée d'invasion et de lui fournir les renforts qui lui permirent, six mois plus tard, de franchir les Balkans.

Les choses sont fort différentes aujourd'hui. Varna, rentrée aux mains des Turcs, est devenue une des villes principales de la Bulgarie et l'un des meilleurs ports de la mer Noire. Les fortifications qui l'entourent ont plus de 4000 mètres de développement. Elles sont composées d'une enceinte de bastions, de fossés revêtus de murailles et profonds d'environ 3 mètres et demi, sur une largeur de 5 à 6 ; quelques fortins communiquent avec le mur d'enceinte. L'arsenal et la poudrière sont au centre de la ville.

Lorsque Varna fut rendue à la Turquie, un ingénieur russe fut chargé de la réparation de ses fortifications ; mais, telles qu'il les réédifia, il aurait fallu une garnison de 100 000 hommes pour les défendre. Depuis, un ingénieur prussien a été chargé de rectifier ce premier plan, et Varna offre actuellement toutes les conditions d'une place imprenable. Sa baie est profonde et très-étendue ; le mouillage y est sûr, les bâtiments y sont complétement à l'abri des vents du nord et du sud, les plus dangereux de la mer Noire. Varna a d'ailleurs un immense avantage sur sa rivale de la Russie méridionale, Odessa ; il n'y gèle pas et on n'y ressent jamais les atteintes des hivers les plus rigoureux. A Odessa, au contraire, la navigation est interrompue durant deux ou trois mois.

Lord Raglan.

Varna est le débouché et l'entrepôt des fertiles territoires qui l'entourent ; comme position maritime et comme situation commerciale, c'est une ville d'un grand avenir.

Vis-à-vis de cette place importante, sur la rive droite du Danube, à trente lieues environ de Varna, se trouve la forte place de Silistrie, qui renferme 20 000 habitants. Les Russes la prirent en 1829 ; mais elle a été réparée depuis et les ouvrages dont on l'a entourée, joints à sa position sur le Danube, en font un des boulevards de la Bulgarie.

En arrière de ces deux places, à une vingtaine de lieues à peu près de l'une et de l'autre, on rencontre Schumla, qui arrêta si souvent les Russes dans leurs invasions. C'est une des villes les plus fortes et les plus industrieuses de toute la Turquie. Elle compte 30 000 habitants, et pourrait avoir le même renom que Péronne en France, car elle n'a jamais été prise. En 1829, les Russes, après une bataille gagnée sur le grand vizir, désespérèrent cependant de l'emporter ; ils furent obligés de la tourner pour pénétrer dans les Balkans dont ils parvinrent à franchir les gorges par leur moyen ordinaire, en achetant un traître qui leur livra le secret du passage.

C'est dans le triangle formé par ces trois places, presque imprenables en présence d'une armée de quelque importance, qu'Omer-Pacha jugea à propos de faire replier ses divisions, lorsque, n'ayant pu ou voulu défendre le bas Danube, il vit l'armée russe occuper la Dobrutscha.

Se porter sur Schumla, en laissant Varna sur la gauche et Silistrie sur la droite, Paskewitsch ne pouvait y songer. Il était encore moins possible d'assiéger Varna sans le secours d'une flotte, ou plutôt en présence de la flotte anglo - française qui tenait la mer. Il s'avança sur Silistrie qu'il résolut d'attaquer à la fois de front par la Dobrutscha et de côté par une batterie de 80 bouches à feu qu'il fit élever sur l'autre rive du Danube.

Si, comme tout porte à le croire, ce mouvement avait pour but d'attirer l'armée ottomane sur un terrain désavantageux, pour lui livrer une bataille décisive, selon la tactique ordinaire des généraux russes, qui comptent toujours sur la solidité de leurs troupes, le calcul ne réussit pas. La position d'Omer-Pacha était trop forte pour qu'il consentît à l'abandonner sans de graves motifs. Il la conserva, déterminé à n'en sortir qu'à son heure, lorsque l'insalubrité du climat et les difficultés de l'approvisionnement dans un pays ravagé par la guerre et privé de communications maritimes, lui donneraient sur son ennemi tous les avantages qu'il pouvait en attendre.

Quant au bombardement de Silistrie, il ne paraît pas avoir fait de grands progrès depuis six semaines qu'il est commencé ; au moment où nous écrivons ces lignes, il dure encore sans avoir produit d'autre résultat que des pertes considérables pour l'armée russe, qui voit tomber chaque jour sous le feu des Turcs ses meilleurs officiers. Paskewitch lui-même, atteint d'une forte blessure, a été obligé de résigner le commandement entre les mains du prince Gortschakoff.

Les dernières nouvelles annoncent que l'armée turque était parvenue à secourir la place.

II.

Pendant que ces événements se passaient en Orient, les choses en Europe marchaient à grands pas vers leur dénoûment prévu. Une dernière tentative de conciliation avait été faite par le chef du gouvernement français. Dans une lettre autographe adressée à l'empereur Nicolas, il avait essayé de le ramener à des idées pacifiques en justifiant les actes des deux puissances maritimes et en expliquant la nature de leur intervention.

« Notre attitude vis-à-vis de la Turquie, disait-il, était protectrice, mais passive. Nous ne l'encouragions pas à la guerre. Nous faisions sans cesse parvenir aux oreilles du sultan des conseils de paix et de modération, persuadés que c'était le moyen d'arriver à un accord, et les quatre puissances s'entendirent de nouveau pour soumettre à Votre Majesté d'autres propositions. Votre Majesté, de son côté, montrant le calme qui naît de la conscience de sa force, s'était bornée à repousser, sur la rive gauche du Danube comme en Asie, les attaques des Turcs, et avec la modération digne du chef d'un grand empire, elle avait déclaré qu'elle se tiendrait sur la défensive. Jusque - là nous étions donc, je dois le dire, spectateurs intéressés, mais simples spectateurs de la lutte, lorsque l'affaire de Sinope vint nous forcer à prendre une position plus tranchée. La France et l'Angleterre n'avaient pas cru utile d'envoyer des troupes de débarquement au secours de la Turquie. Leur drapeau n'était donc pas engagé dans les conflits qui avaient lieu sur terre. Mais sur mer, c'était bien différent. Il y avait à l'entrée du Bosphore 3000 bouches. à feu dont la présence disait assez haut à la Turquie que les deux premières puissances maritimes ne permettraient pas de l'attaquer sur mer. L'événement de Sinope, fut pour nous aussi blessant qu'inattendu ; car peu importe que les Turcs aient voulu ou non faire passer des munitions de guerre sur le territoire russe. En fait, des vaisseaux russes sont venus attaquer des bâtiments turcs dans les eaux de la Turquie et mouillés tranquillement dans un port turc ; ils les ont détruits, malgré l'assurance de ne pas faire une guerre agressive, malgré le voisinage de nos escadres. Ce n'était plus notre politique qui recevait là un échec, c'était notre honneur militaire. Les

Omer-Pacha.

coups de canon de Sinope ont retenti douloureusement dans le cœur de tous ceux qui, en Angleterre et en France, ont un vif sentiment de la dignité nationale. On s'est écrié d'un commun accord : Partout où nos canons peuvent atteindre, nos alliés doivent être respectés. De là l'ordre donné à nos escadres d'entrer dans la mer Noire, et d'empêcher par la force, s'il le fallait, le retour d'un semblable événement. De là la notification collective envoyée au cabinet de Saint-Pétersbourg pour lui annoncer que, si nous empêchions les Turcs de porter une guerre agressive sur les côtes appartenant à la Russie, nous protégerions le ravitaillement de leurs troupes sur leur propre territoire. Quant à la flotte russe, en lui interdisant la navigation de la mer Noire, nous la placions dans des conditions différentes, parce qu'il importait, pendant la durée de la guerre, de conserver un gage qui pût être l'équivalent des parties occupées du territoire turc et faciliter la conclusion de la paix en devenant le titre d'un échange considérable.

« Voilà, Sire, la suite réelle et l'enchaînement des faits. Il est clair qu'arrivés à ce point, ils doivent amener promptement ou une entente définitive ou une rupture décidée.

« Votre Majesté a donné tant de preuves de sa sollicitude pour le repos de l'Europe, elle y a contribué si puissamment par son influence bienfaisante contre l'esprit de désordre, que je ne saurais douter de sa résolution dans l'alternative qui se présente à son choix. Si Votre Majesté désire autant que moi une conclusion pacifique, quoi de plus simple que de déclarer qu'un armistice sera signé aujourd'hui, que les choses reprendront leur cours diplomatique, que toute hostilité cessera et que toutes les forces belligérantes se retireront des lieux où des motifs de guerre les ont appelées ? »

La publicité donnée à cette lettre n'était pas seulement un nouvel appel au sentiment de justice et d'équité du monde civilisé ; elle avait également pour but de rejeter sur le tzar la responsabilité méritée d'une guerre devenue inévitable.

Voici en quels termes le *Moniteur* annonça la réponse de l'empereur Nicolas à la lettre de l'empereur des Français :

« La réponse attendue de Saint-Pétersbourg est arrivée ce soir, 18 février. L'empereur Nicolas annonce qu'il n'accepte pas les propositions d'accommodement qui lui avaient été adressées. »

Cette réponse était parvenue à Paris vingt et un jours après le départ de la lettre autographe de Napoléon. Elle est datée du 9 février.

Nicolas ne se borne pas à repousser les imputations *blessantes* dont il a été l'objet de la part des deux puissances maritimes : il critique leurs procédés ; il les accuse d'avoir porté atteinte à ses droits de *belligérant*. Puis, passant des récriminations à une attitude plus magnanime, il consent, dit-il, à oublier, pourvu que l'on empêche les Turcs de *porter de nouvelles forces* sur le théâtre de la guerre, et finit par dicter les conditions auxquelles il offrirait de renoncer aux hostilités.

Voici les principaux passages de cette pièce, que l'histoire doit recueillir :

« Mon opinion est que, si la France et l'Angleterre avaient voulu la paix comme moi, elles auraient dû empêcher à tout prix cette déclaration de guerre, ou, la

guerre une fois déclarée, faire au moins en sorte qu'elle restât dans les limites étroites que je désirais lui tracer sur le Danube, afin que je ne fusse pas arraché de force au système purement défensif que je voulais suivre. Mais du moment qu'on a permis aux Turcs d'attaquer notre territoire asiatique, d'enlever un de nos postes-frontières (même avant le terme fixé pour l'ouverture des hostilités), de bloquer Akhaltsykh et de ravager la province d'Arménie ; du moment qu'on a laissé la flotte turque libre de porter des troupes, des armes et des munitions de guerre sur nos côtes, pouvait-on raisonnablement espérer que nous attendrions patiemment le résultat d'une pareille tentative ? Ne devait-on pas supposer que nous ferions tout pour la prévenir ? L'affaire de Sinope s'en est suivie : elle a été la conséquence forcée de l'attitude adoptée par les deux puissances, et l'événement ne pouvait, certes, leur paraître *inattendu*.

« J'avais déclaré vouloir rester sur la défensive ; mais, avant l'explosion de la guerre, tant que mon honneur et mes intérêts me le permettraient, tant qu'elle resterait dans de certaines bornes. A-t-on fait ce qu'il fallait faire pour que ces bornes ne fussent pas dépassées ? Si le rôle de spectateur, ou celui de médiateur même, ne suffisait pas à Votre Majesté, et qu'elle voulût se faire l'auxiliaire armé de mes ennemis, alors, Sire, il eût été plus loyal et plus digne d'elle de me le dire franchement d'avance en me déclarant la guerre. Chacun alors eût connu son rôle. Mais nous faire un crime après coup de ce qu'on n'a rien fait pour empêcher, est-ce un procédé équitable ? Si les coups de canon de Sinope ont retenti douloureusement dans le cœur de tous ceux qui, en France et en Angleterre, ont le vif sentiment de la dignité nationale, Votre Majesté pense-t-elle que la présence menaçante, à l'entrée du Bosphore, des 3000 bouches à feu dont elle parle, et le bruit de leur entrée dans la mer Noire, soient des faits restés sans écho dans le cœur de la nation dont j'ai à défendre l'honneur ? J'apprends d'elle pour la première fois (car les déclarations verbales qu'on m'a faites ici ne m'en avaient encore rien dit) que, tout en protégeant le ravitaillement des troupes turques sur leur propre territoire, les deux puissances ont résolu *de nous interdire la navigation de la mer Noire*, c'est-à-dire apparemment le droit de ravitailler nos propres côtes. Je laisse à penser à Votre Majesté si c'est là, comme elle le dit, faciliter la conclusion de la paix, et si, dans l'alternative qu'on me pose, il m'est permis de discuter, d'examiner même un moment ses propositions d'armistice, d'évacuation immédiate des principautés, et de négociation avec la Porte d'une convention qui serait soumise à une conférence des quatre cours. Vous-même, Sire, si vous étiez à ma place, accepteriez-vous une pareille proposition ? Votre sentiment national pourrait-il vous le permettre ? Je répondrai hardiment que non. Accordez-moi donc, à mon tour, le droit de penser comme vous-même. Quoi que Votre Majesté décide, ce n'est pas devant la menace que l'on me verra reculer. Ma confiance est en Dieu et dans mon droit, et la Russie, j'en suis garant, saura se montrer en 1854 ce qu'elle fut en 1812.

« Si toutefois Votre Majesté, moins indifférente à mon honneur, en revient franchement à notre programme, si elle me tend une main cordiale comme je la lui offre en ce dernier moment, j'oublierai volontiers ce que le passé peut avoir eu de blessant pour moi. Alors, Sire, *mais alors seulement*, nous pourrons discuter et peut-être nous entendre. Que sa flotte se borne à empêcher les Turcs de porter de nouvelles forces sur le théâtre de la guerre, je promets volontiers qu'ils n'auront rien à craindre de mes tentatives. Qu'ils m'envoient un négociateur, je l'accueillerai comme il convient. Mes conditions sont connues à Vienne. C'est la seule base sur laquelle il me soit permis de discuter.

« Je prie Votre Majesté de croire à la sincérité des sentiments avec lesquels je suis,

« Sire,
« De Votre Majesté,
« Le bon ami,
« NICOLAS. »

Peu de jours après, les journaux de Saint-Pétersbourg publièrent le manifeste suivant, qui fut répandu dans toute la Russie :

MANIFESTE.

« Par la grâce de Dieu,

« Nous, Nicolas Ier,

« Empereur et autocrate de toutes les Russies, roi de Pologne, etc., etc., etc.,

« Faisons connaître à tous :

« Nous avons déjà fait connaître à nos chers et fidèles sujets la cause de notre mésintelligence avec la Porte ottomane.

« Depuis lors, malgré l'ouverture des hostilités, nous n'avons pas cessé de former, comme nous le faisons encore aujourd'hui, le désir sincère d'arrêter l'effusion du sang.

« Nous avions même nourri l'espérance que la réflexion et le temps convaincraient le gouvernement turc de son erreur suggérée par de perfides insinuations, dans lesquelles nos prétentions justes et fondées sur les traités ont été représentées comme un empiétement sur son indépendance, cachant des arrière-pensées de domination. Mais vaine a été jusqu'à présent notre attente. Les gouvernements anglais et français ont pris parti pour la Turquie, et la présence de leurs flottes, réunies à Constantinople, a principalement servi à l'encourager dans son obstination.

« Enfin, les deux puissances occidentales, sans déclaration de guerre préalable, ont fait entrer leurs flottes dans la mer Noire, en proclamant la résolution de défendre les Turcs et d'entraver la libre navigation de nos vaisseaux de guerre dans la défense de notre littoral.

« Après un mode d'agir aussi inouï dans les rapports des puissances civilisées, nous avons rappelé nos légations d'Angleterre et de France et interrompu toutes relations politiques avec ces puissances.

« Et ainsi contre la Russie combattant pour l'orthodoxie, se placent, à côté des ennemis de la chrétienté, l'Angleterre et la France.

« Mais la Russie ne manquera pas à sa sainte vocation ; et, si sa frontière est envahie par l'ennemi, nous sommes prêts à lui faire tête avec l'énergie dont nos ancêtres nous ont légué l'exemple. Ne sommes-nous pas aujourd'hui encore ce même peuple russe dont la vaillance est attestée par les fastes mémorables de l'année 1812 ? Que le Très-Haut nous aide à le prouver à l'œuvre. Dans cet espoir, combattant pour nos frères opprimés qui confessent la foi du Christ, la Russie n'aura qu'un cœur et une voix pour s'écrier :

« Dieu ! notre Sauveur ! qui avons-nous à craindre ? « Que le Christ ressuscite et que ses ennemis se dis- « persent ! »

« Donné à Saint-Pétersbourg, le 9/21 jour de février de l'an de la naissance du Christ 1854, de notre règne le 29e. »

Après ce manifeste, le rôle de la diplomatie était terminé. Elle fit entendre une dernière fois sa voix pour protester contre les étranges assertions du tzar, pour rectifier ses calomnieuses récriminations. Une circulaire de M. Drouyn de Lhuys remplit cette tâche avec noblesse et fermeté :

« Est-il besoin d'énumérer toutes les tentatives qu'une obstination invincible a seule fait échouer ? Il n'est personne qui les ignore, il n'est personne non plus qui ne sache que si des démonstrations matérielles se sont accomplies pendant la durée des négociations, il n'en est pas une seule qui n'ait été précédée d'un acte agressif de la part de la Russie.

« Je me bornerai à rappeler que si l'escadre française, à la fin de mars, a mouillé dans la baie de Salamine, c'est que, depuis le mois de janvier, d'immenses rassemblements de troupes se formaient en Bessarabie ; que si les forces navales de la France et de l'Angleterre se sont rapprochées des Dardanelles, où elles ne sont arrivées qu'à la fin de juin, c'est qu'une armée russe campait sur les bords du Pruth, et que la résolution de lui faire franchir cette rivière était prise et officiellement annoncée dès le 31 mai ; que si nos flottes ont été plus tard à Constantinople, c'est que le canon grondait sur le Danube ; et qu'enfin, si elles sont entrées dans la mer Noire, c'est parce que, contrairement à la promesse de rester sur la défensive, des vaisseaux russes avaient quitté Sébastopol pour foudroyer des navires turcs à l'ancre dans le port de Sinope. Tous les pas que nous faisions, d'accord avec l'Angleterre, en Orient avaient la paix pour but, et nous ne voulions que nous interposer entre les parties belligérantes. Chaque jour, au contraire, la Russie s'avançait ouvertement vers la guerre.

« Assurément, s'il était deux puissances que leur passé et leurs relations les plus récentes dussent, dans un conflit qui menaçait de mettre la France et la Grande-Bretagne aux prises avec l'immense empire qui les avoisine, rendre à la fois indulgentes pour la Russie et attentives à nos mouvements, c'étaient la Prusse et l'Autriche. Vous savez, monsieur, que leurs principes se sont tout d'abord rencontrés avec les nôtres, et que l'Europe, constituée en jury, a prononcé solennellement son verdict sur des prétentions et sur des actes dont aucune apologie, de si haut qu'elle parte, ne peut plus maintenant transformer le caractère. Ainsi le débat n'est pas entre la France et l'Angleterre, accourues au secours de la Porte, et la Russie ; il est entre la Russie et tous les États qui ont le sentiment du droit, et dont l'opinion et les intérêts les rangeront du côté de la bonne cause.

« J'oppose donc avec confiance l'unanimité des grands cabinets à cette évocation des souvenirs de 1812 directement faite à un souverain qui venait d'essayer loyalement un suprême effort de conciliation. Toute la conduite de l'empereur Napoléon atteste assez que, s'il est fier de l'héritage de gloire que lui a laissé le chef de sa race, il n'a rien négligé pour que son avènement au trône fût un gage de paix et de repos pour le monde.

« Je ne dirai qu'un mot du manifeste par lequel S. M. l'empereur Nicolas annonce à ses peuples les résolutions qu'il a prises. Notre époque si tourmentée avait été du moins exempte d'un des maux qui ont le plus troublé le monde autrefois ; je veux parler des guerres de religion. On fait entendre aux oreilles de la nation russe comme un écho de ces temps désastreux ; on affecte d'opposer la croix au croissant, et l'on demande au fanatisme l'appui que l'on sait ne pouvoir pas réclamer de la raison.

« La France et l'Angleterre n'ont pas à se défendre de l'imputation qu'on leur adresse ; elles ne soutiennent pas l'islamisme contre l'orthodoxie grecque ; elles vont proté-ger le territoire ottoman contre les convoitises de la Russie ; elles y vont avec la conviction que la présence de leurs armées en Turquie fera tomber les préjugés déjà bien affaiblis qui séparent encore les différentes classes de sujets de la Sublime Porte, et qui ne pourraient renaître que si l'appel parti de Saint-Pétersbourg, en provoquant des haines de race et une explosion révolutionnaire, paralysait les généreuses intentions du sultan Abdul-Medjid.

« Pour nous, nous croyons sincèrement, en prêtant notre appui à la Turquie, être plus utiles à la foi chrétienne que le gouvernement qui en fait l'instrument de son ambition temporelle. La Russie oublie trop, dans

Réguliers turcs.

les reproches qu'elle fait aux autres, qu'elle est loin d'exercer, dans son propre empire, à l'égard des sectes qui ne professent point le culte dominant, une tolérance égale à celle dont la Sublime-Porte peut à bon droit s'honorer, et qu'avec moins de zèle apparent pour la religion grecque au delà de ses frontières, et plus de charité pour la religion catholique chez elle, elle obéirait mieux à la loi du Christ qu'elle invoque avec tant d'éclat.

« Recevez, etc.

« Signé Drouin de Lhuys. »

En Angleterre le gouvernement n'avait pas besoin de publier ses actes pour éclairer le pays. Les discussions du parlement, chaque jour plus vives et plus intéressan-tes, éveillaient toutes les sympathies en tenant tout le monde au courant de la marche des affaires. Lord Russel avait parlé de manière à prouver qu'il ne pouvait plus être question de ces espérances de paix auxquelles lord Aberdeen essayait encore de se rattacher. L'ancien chef du cabinet whig avait demandé des subsides de guerre, et il les avait demandés en parlant de l'empereur de Russie comme d'un ennemi qui devait porter seul toute la responsabilité de la cessation de la longue paix dont avait joui l'Europe.

Lord Russel ajoutait dans son discours que dans la prévision d'un rejet par le tzar des dernières propositions d'arrangement, une convention avait été conclue entre la France et l'Angleterre. En vertu de cette convention, il avait été proposé à la Turquie un engagement d'après lequel son gouvernement s'obligerait, tant qu'il recevrait l'assistance de la France et de l'Angleterre, à ne conclure aucun traité de paix sans l'agrément et le parfait concours de ces deux puissances.

Les actes en Angleterre succèdent promptement aux paroles. Le commerce de la poudre, des armes et des munitions de guerre, qui est toujours libre dans ce pays pendant la paix, y fut suspendu par ordre du gouvernement. La population navale, qui, en temps ordinaire, montre peu d'empressement à servir sur les navires de l'État, partageait l'enthousiasme des soldats de l'armée de terre.

Les rues de Londres présentaient le spectacle insolite de soldats mêlés à la population de la capitale. C'étaient des hommes appartenant aux détachements qui allaient partir pour l'Orient ou la mer Baltique, et qui venaient faire leurs visites d'adieu, entourés de leurs femmes, de leurs enfants, de leurs parents, de leurs amis ; on n'entendait aucun murmure, aucun signe de mécontentement. Les classes ouvrières ne s'intéressaient véritablement qu'à la leçon qu'il fallait donner à la Russie. Le ministère de la guerre et l'amirauté étaient assiégés de demandes de service.

Enfin le 28 mars 1854, le ministre d'État du gouver-

Réguliers russes.

nement français vint lire, en séance solennelle, devant le corps législatif et le sénat, la déclaration suivante :

« Le gouvernement de l'empereur et celui de Sa Majesté Britannique avaient déclaré au cabinet de Saint-Pétersbourg que, si le démêlé avec la Sublime Porte n'était pas replacé dans des termes purement diplomatiques, de même que si l'évacuation des principautés de Moldavie et de Valachie n'était pas commencée immédiatement et effectuée à une date fixe, ils se verraient forcés de considérer une réponse négative ou le silence comme une déclaration de guerre.

« Le cabinet de Saint-Pétersbourg ayant décidé qu'il ne répondrait pas à la communication précédente, l'empereur me charge de vous faire connaître cette résolution, qui

constitue la Russie avec nous dans un état de guerre dont la responsabilité appartient tout entière à cette puissance. »

À la même date parut le message adressé par la reine Victoria à son parlement, message ainsi conçu :

« VICTORIA Reine,

« Sa Majesté juge à propos d'informer la chambre des « lords que les négociations que Sa Majesté, de concert « avec ses alliés, avait depuis quelque temps entamées « avec Sa Majesté l'empereur de toutes les Russies, sont « terminées, et que la Reine se regarde comme tenue de « donner assurance active à son allié le Sultan, contre « une agression non provoquée. La Reine a donné l'ordre

« de déposer à la chambre des lords des copies de papiers,
« en sus de ceux déjà communiqués au Parlement, qui
« fourniront les renseignements les plus complets tou-
« chant le sujet de ces négociations.

« C'est une consolation pour la Reine de réfléchir
« qu'aucun effort n'a été épargné de sa part pour con-
« server à ses sujets les bienfaits de la paix. La juste
« attente de la Reine a été trompée, et Sa Majesté compte
« avec confiance sur le zèle et le dévouement de la cham-
« bre des lords, et sur les efforts de ses braves et fidèles
« sujets, pour la soutenir dans sa détermination de con-
« sacrer la puissance et les ressources de la nation à la
« protection des États du Sultan contre les empiétements
« de la Russie. »

La guerre une fois déclarée, les deux puissances maritimes résolurent d'y consacrer toute leur activité. Au
concours de leurs escadres elles ajoutèrent immédiatement celui d'une armée de terre. 50 000 Français et
20 000 Anglais furent disposés pour se rendre à Constantinople avec les chevaux, l'artillerie et tous les objets
d'armement et d'équipement nécessaires à une longue
campagne.

Cette force, jointe aux troupes d'Omer-Pacha, devait
balancer à peu près celle de l'armée russe, qui, d'après
les dernières informations, peuvent être divisées ainsi
qu'il suit, sous la direction suprême de Paskewitch :

Aile droite dans la grande Valachie.

	Hommes.
Corps d'armée du général Liprandi.....	42 000
A Bucharest, sous les ordres du prince Gortschakoff...	75 000
Corps d'armée du général Luders, dans la Dobrutscha.......................	40 000
Au camp fortifié de Fokschani......▼....	40 000
Ensemble...............	197 000
Auxquels doivent se joindre successive-ment l'armée commandée par Osten-Sacken, entre le Pruth et le Dniester.	60 000
Le corps de réserve organisé par le gou-verneur de Zitomir.................	30 000
Les autres corps mobiles qui peuvent être dirigés de la Tauride et de la Crimée sur le Danube, environ..................	45 000
Ensemble.......	232 000

La réunion de ces différentes armées porte donc à
232 000 hommes la totalité des forces russes échelonnées
sur l'immense ligne d'opérations que dirige le généralissime Paskewitch de l'embouchure du Kouban, dans la
mer d'Azoff, au confluent de l'Olt ou Aluta, dans le Danube.

III.

Départ des flottes alliées pour croiser dans la mer Noire. — Affaire
d'Odessa. — Bombardement du port militaire — Rapport des amiraux anglo-français. — Version donnée par les Russes. — Excur-
sion des escadres sur les côtes de Circassie.

La nouvelle de la guerre enfin déclarée par les deux
puissances maritimes avait été reçue avec un enthousiasme extraordinaire à bord de la flotte combinée. Les
marins n'aiment pas à rester inactifs. Témoins de l'honorable résistance de l'armée ottomane, ils brûlaient
d'aller savoir ce que valent ces flottes russes si redoutables contre les Turcs lorsqu'elles les attaquent à nombre
triple.

Déjà depuis longtemps les consuls anglais et français
d'Odessa, à l'exemple de ceux de Jassy et de Bucharest,
avaient amené leurs pavillons: A l'approche des hostilités, ils désiraient quitter cette ville avec leurs nationaux.
Le Furious, frégate à vapeur anglaise, fut expédié pour
les réclamer.

Arrivé devant Odessa le 8, à six heures du matin,
le Furious s'était arrêté à un mille et demi du port. Une
embarcation fut expédiée sous les ordres de M. Alexander, troisième lieutenant du *Furious*. L'embarcation ar-
bora un pavillon de parlementaire et s'approcha, malgré
des signaux qui lui furent faits de rester au large, et
M. Alexander, résolu à remplir sa mission, poussa droit
au rivage, où une foule de soldats et de fonctionnaires
russes s'opposèrent à son débarquement. Une altercation
s'ensuivit, et, pendant ce temps, plusieurs capitaines
anglais de commerce, actuellement prisonniers à Odessa,
fendirent la presse pour venir parler à l'officier anglais.
Ils furent rudement repoussés par les soldats, qui les
ramenèrent dans la ville. Enfin M. Alexander, voyant
que tous ses efforts pour parler au commandant de la
place étaient inutiles, donna ordre de regagner la frégate; mais il était à peine parti que les batteries du port
firent feu sur l'embarcation et la frégate, sans toutefois
atteindre ni l'une ni l'autre.

Le Furious revint à Beljick et fit son rapport à l'amiral
Dundas. — Les Russes, dans un rapport plein d'emphase
et d'assertions fausses, publié par le général Osten-Sacken, ont essayé de démentir la version simple et véridique de l'officier anglais. Ils ont même, pour mieux
étouffer la vérité, défendu toute conversation à ce sujet
parmi la population d'Odessa, et l'on cite des habitants
qui ont été rudement punis pour avoir enfreint cette défense.

Mais il n'en fut pas moins établi que les batteries
d'Odessa, dont le nombre a été beaucoup augmenté depuis ces derniers événements, avaient tiré traîtreuse-
ment sept coups de canon à boulet sur cette embarcation, couverte du pavillon parlementaire, peu d'instants
après qu'elle avait quitté le quai et les autorités maritimes. C'est un procédé sans exemple dans l'histoire des
guerres des nations civilisées : il faut remonter en 1829,
époque à laquelle le dey d'Alger en fit autant au vaisseau
la Provence (et encore était-ce un vaisseau) pour retrouver
un fait analogue, c'est-à-dire qu'il faut en chercher
l'exemple dans une guerre avec les barbares.

Les marins des deux flottes étaient furieux de cet acte
de brutalité sauvage; l'exaspération surtout était grande
à bord de l'escadre anglaise, à laquelle appartenait *le
Furious*. — Les deux amiraux convinrent d'en tirer une
justice éclatante.

Odessa, la ville de commerce la plus considérable de
la mer Noire, est, en miniature, le Saint-Pétersbourg de
la Russie méridionale. Son existence, comme on sait,
date à peine de 1792, bien que sa fondation remonte à
une vingtaine d'années plus haut. C'était autrefois une
pauvre bourgade tartare dont le nom même (Hadji-bey ou
Kodja-bey) est aujourd'hui parfaitement oublié.

Lorsque, en 1776, Catherine II, séduite par l'heureuse situation du port, résolut d'en faire le principal
débouché des vastes provinces qui s'étendent au nord et à
l'est du Pont-Euxin, il fallut baptiser cette nouvelle créa-

tion du génie moscovite. On prescrivit à l'académie de Saint-Pétersbourg de lui chercher un nom capable de répondre, par son euphonie et sa signification aux grandes idées de la fondatrice.

Les savants s'assemblèrent. Ils avaient vu quelque part, sur d'anciennes cartes barbouillées de latin, le mot *Odessus* qui leur parut remplir toutes les conditions voulues ; ils en affublèrent bravement, sauf une légère modification, la nouvelle colonie, affirmant que c'était bien là le nom donné par les anciens à la noble cité qu'il s'agissait de faire revivre. Mais *Odessus* désignait deux villes d'origine grecque, fondées par les actives populations de l'Ionie, l'une sur le Borysthène, un peu au-dessus de l'endroit où se trouve aujourd'hui Kerson, l'autre dans la Boulgarie, sur l'emplacement même qu'occupe maintenant Varna, deux localités assez éloignées, comme on sait, de la ville actuelle d'Odessa.

Quoi qu'il en soit de l'erreur des savants russes, la prospérité d'Odessa n'en fut pas moins rapide, grâce surtout à l'habile administration du duc de Richelieu, que l'émigration française avait conduit à Saint-Pétersbourg et dont le gouvernement russe eut l'heureuse idée d'utiliser les talents comme gouverneur général de ses établissements sur la côte méridionale de la mer Noire. C'est aujourd'hui une ville de 60 000 âmes, peuplée de Grecs, d'Arméniens, de Russes, d'Italiens, de mille nationalités diverses qui s'y croisent et viennent y confondre leurs langages et leurs intérêts.

« A ses pieds, dit un écrivain, s'étend une baie immense, dans laquelle s'avancent deux môles (le môle de la Couronne et celui de la Quarantaine) qui semblent deux bras amis entr'ouverts pour recevoir ceux qui arrivent ; à droite un fort étoilé à travers les meurtrières duquel les canons passent leur tête de bronze ; à gauche une langue de terre sablonneuse flanquée d'un lac profond, et au loin, à l'horizon, cette mer sombre, à lames courtes, qui recèle tant de redoutables tempêtes.

« Odessa est bien bâtie ; les rues spacieuses sont coupées à angle droit ; les maisons en pierre, peintes de diverses couleurs, et l'on y rencontre à chaque pas des monuments qui attestent le goût du plaisir, celui des affaires ou celui du luxe. Odessa possède un beau théâtre avec péristyle à colonnes, où l'on joue l'opéra italien, un lazaret, un lycée, un bazar, une bourse, une banque, des écoles de commerce et de navigation ; ici ce sont des fabriques de savon, de pommade, de poudre, de drap, de soieries ; là des brasseries, des forges ; plus loin des distilleries de grain ; plus loin encore des chantiers de construction. C'est tout un monde, un monde qui travaille et qui trafique. On y compte 22 établissements d'instruction publique renfermant 3000 élèves des deux sexes. Elle a plusieurs compagnies d'assurance maritime et de navires à vapeur ; des bergeries, des eaux minérales factices, une société d'économie rurale.

« Le principal commerce d'Odessa consiste en céréales qui y arrivent des gouvernements de Kerson, Podolsk, Wolhynie, Kiew, etc., et même des principautés danubiennes. La France y envoie des objets de modes, des vins, de la quincaillerie, des bronzes, etc. L'ensemble des valeurs échangées s'élève annuellement à une somme de 53 000 000 fr., dont 18 à l'importation et 34 à l'exportation. Ce commerce met en mouvement 2500 navires (entrées et sorties réunies). Le budget de la ville présente un revenu de 1 786 000 fr. provenant, pour la plus grande partie, du produit des droits de douanes dont le cinquième est abandonné par le gouvernement à l'administration municipale[1]. »

Cette ville florissante allait voir éclater sur elle les calamités de la guerre. Toutefois les deux amiraux Hamelin et Dundas avaient trop d'humanité ; ils étaient trop pénétrés de l'esprit de leurs instructions pour faire peser sur d'inoffensifs habitants la responsabilité d'un outrage dont l'autorité militaire était seule coupable. Ils prirent les mesures les plus propres à épargner la vie et les propriétés de la population. Nous laissons le *Moniteur* et les autres documents officiels raconter ce que l'on a nommé fort mal à propos le bombardement d'Odessa, puisque tout s'est borné à la destruction des ouvrages militaires, c'est-à-dire du port impérial, le port du commerce et la ville même ayant été complétement respectés, par un prodige de l'art pyrotechnique que la science moderne était seule capable d'accomplir.

« La ville était défendue par 4 batteries : la première, de 12 pièces de canon, sur le môle du port de quarantaine défendant l'entrée de la grande rade ;

« La seconde, de 6 pièces de canon, au-dessous du boulevard et à droite du grand escalier qui descend à la mer et partage le boulevard en deux ; cette batterie défendait l'entrée du port de quarantaine ;

« La troisième, à gauche du grand escalier du boulevard, placée de manière à croiser son feu avec celui de la seconde batterie et à commander la rade ;

« Et enfin la quatrième, sur le quai du port de pratique, au-dessous du palais du prince Woronzow ; ces deux batteries avaient chacune 8 pièces.

« Outre ces 4 batteries, on en avait établi encore 3 autres : l'une, de l'autre côté du golfe d'Odessa, au village russe de Dofinofka, presque en face du port de quarantaine, à une distance de 10 werstes ; l'autre, au sud, et à 3 werstes du port de quarantaine, à la maison de campagne de la comtesse de Langeron ; et enfin la troisième, dans la même direction, à 10 werstes du port, et à 2 werstes du camp de la Grande-Fontaine, sur lequel se trouve placé un phare, au village de Loustdorf.

« Le 22 au matin, 8 frégates à vapeur, dont 3 françaises et 5 anglaises, se dirigèrent sur le port impérial d'Odessa, et bientôt, après une sommation restée sans réponse, 4 de ces frégates commencèrent le feu sur les batteries de terre.

« Les 2 môles ainsi que les batteries intermédiaires ont vivement répondu ; à dix heures, 4 autres frégates se réunirent aux premières ; l'action devint alors générale. Elle continua jusqu'à cinq heures du soir, heure à laquelle les deux amiraux firent aux frégates le signal de rallier l'escadre. L'incendie avait gagné la batterie du môle impérial ; la poudrière avait sauté ; une quinzaine de navires, à l'exception de 2 ou 3, étaient coulés ou en feu. Les établissements de la marine étaient également en feu ou très-endommagés par les obus. La ville et le port marchand, où se trouvait réunie une grande quantité de navires de toutes les nations, avaient été respectés. Plusieurs de ces navires ont pu même profiter du désordre qui régnait dans le port pour en sortir, et entre autres les deux seuls navires français qui y étaient.

---

1. *Voyage dans la Russie méridionale*, etc., par M. Anatole Demidoff.

« On avait pris à l'ennemi 13 navires chargés de munitions. La perte éprouvée par nos troupes était de 2 hommes et de 18 blessés.

« Un attentat avait été commis contre le droit des gens par les autorités militaires d'Odessa. Il s'agissait d'en châtier les auteurs. Ce but fut atteint sans être dépassé. »

Tel est le narré simple et véridique de cette action que l'amiral Hamelin, dans son rapport, appelle *une petite affaire*[1], et qui, en effet, ne pouvait avoir qu'une médiocre importance aux yeux d'un marin accoutumé à de tout autres engagements.

Si l'on veut maintenant se faire une idée de la manière dont les généraux russes écrivent l'histoire et racontent les choses à leur souverain, qu'on jette les yeux sur les passages suivants, que nous extrayons du rapport du général Osten-Sacken, dont le commandement embrasse Odessa et toute la côte de Crimée :

« Nos batteries étaient armées de pièces de 48. L'ennemi profita du gros calibre de ses pièces et se tint constamment dans l'éloignement, ce qui ne permit pas aux batteries nᵒˢ 3 et 5 de prendre une part active au combat, quoique exposées au feu ennemi. *La batterie nᵒ 6, sous le commandement du cornette de l'artillerie Tschégoleff,* entretint un feu nourri de ses quatre pièces ; mais une de celles-ci ayant été démontée et l'ennemi s'étant placé hors de portée du troisième canon, les deux canons de gauche ont pu seuls opérer, et, avec ces deux pièces, la batterie nᵒ 6 tint pendant six heures entières contre les vapeurs ennemis, et à la fin contre huit bâtiments à vapeur et un vaisseau à hélice de 84 canons, qui avait rejoint.

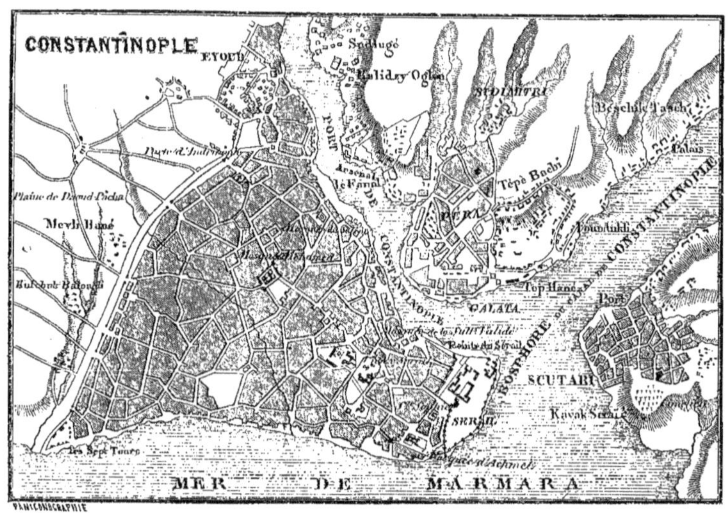

Même alors on ne réussit pas à faire taire la batterie, et le cornette Tschégoleff ne la quitta que lorsque les navires stationnés dans le port, derrière la batterie elle-même, eurent pris feu.

« Par suite de l'opération de cette batterie, trois navires ennemis durent, vers la fin du combat, être pris à la remorque par les autres.

« Un rapport sur ce brillant fait d'armes a été immédiatement adressé au commandant en chef, qui, usant des prérogatives qui lui sont accordées, a conféré la décoration de l'ordre militaire à ceux qui se sont spécialement distingués.

« Grâce à leur peu de tirant d'eau, les navires en fer ennemis ont réussi à envelopper le port de libre pratique, à s'approcher du faubourg de Perissip et à lancer, à l'aide de chaloupes, des fusées à la congrève pour incendier les navires dans le port et quelques maisons du faubourg. Ils essayèrent même un débarquement, mais la grêle de mitraille de quatre pièces d'artillerie légère, couvertes par six compagnies d'infanterie, fit échouer cette entreprise. Les chaloupes furent poursuivies par nos boulets et essuyèrent des pertes considérables.

« Nous avons eu, de notre côté, quelques morts et blessés et deux affûts détruits.

« Pendant l'action, quelques vaisseaux de ligne ennemis quittèrent leur ordre de bataille et s'approchèrent de la maison de campagne du général Luders, contre laquelle ils dirigèrent leur feu ; mais, accueillis par le feu de nos batteries nᵒˢ 1, 2 et 3, ils se bornèrent à quelques décharges et allèrent reprendre leur ancienne position. Cette manœuvre fut répétée plusieurs fois. A sept heures, le combat cessa, et les navires assaillants rejoignirent le

1. 24 avril 1854.

reste de l'escadre. Notre artillerie a opéré d'une façon
brillante et *nos batteries ont peu souffert*, à l'exception de
celle n° 6. Nous avons eu 4 morts et 64 blessés. »

Les lettres du commerce, même écrites d'Odessa, sont
plus sincères. Elles avouent les pertes des Russes et font
bien connaître les résultats de l'affaire.

« La consternation et l'effroi des habitants de notre
ville, dit une de ces lettres, en date du 25 avril, ne se
sont calmés qu'après la disparition du dernier vaisseau
de la flotte réunie. La plupart des habitants avaient fui
à l'approche des vaisseaux de la flotte anglo-française.
Le 14, vers trois heures et demie de l'après-midi, sept
vaisseaux de la flotte réunie parurent en vue et annon-
cèrent leur approche par quelques coups de canon tirés
contre les batteries du port.

« Les habitants effrayés prirent la fuite, bien que les
officiers russes leur eussent donné l'assurance que le danger n'était pas si près. La ville fut occupée immédiatement par des détachements de soldats. On envoya à Sébastopol en toute hâte la nouvelle qu'Odessa serait
bombardée le 14.

. . . .
. . . .

« Le 17, un vapeur de la flotte ennemie, ayant le pavillon parlementaire, entra dans le port. On lui tira quelques coups de canon des batteries du rivage pour l'empêcher d'avancer. Un vaisseau russe, ayant à bord un
officier, alla à la rencontre du parlementaire. On lui remit
une sommation de l'amiral anglais de remettre tous les
navires ennemis se trouvant dans notre port. Le com-

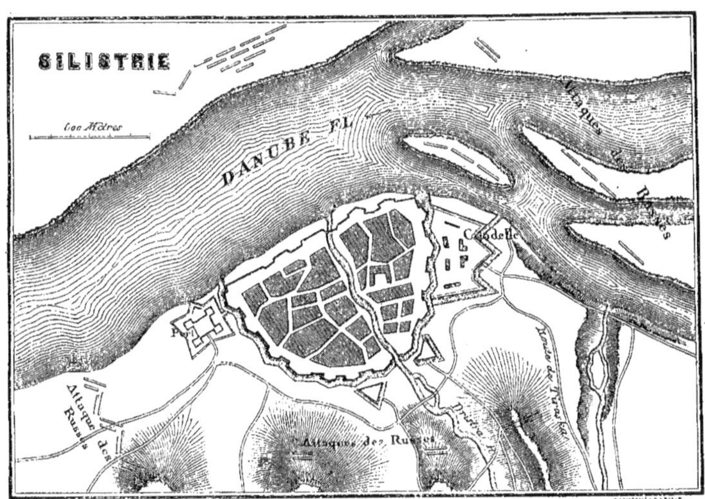

mandant répondit par un refus formel. A trois heures de
l'après-midi, les vaisseaux ennemis ouvrirent, de leur
position éloignée, un feu terrible sur les batteries du rivage. Deux furent démontées. Deux magasins furent dé-
vorés par les flammes.

« Le soir, le feu fut suspendu. Du 18 au 22, dans la
matinée, on négocia. Sur ces entrefaites, les Russes aug-
mentèrent leurs forces et réparèrent leurs batteries endommagées. A huit heures du matin, un bombardement
plus violent commença et dura sans interruption jusqu'à
six heures et demie du soir. La plus grande partie des
batteries du rivage furent considérablement endommagées, et celles qui se trouvaient à l'angle nord du port furent démontées.

« Les Russes, qui ont perdu 200 hommes, se sont battus avec une grande énergie; 300 sont grièvement blessés; plus de la moitié seront désormais impropres au
service. Six magasins sont devenus la proie des flammes.
La ville a comparativement peu souffert; mais quelques-
uns des bâtiments le plus en vue, notamment le palais
de Woronzow, ont été incendiés. La physionomie d'O-
dessa est totalement changée. La canonnade terrible a
brisé toutes les vitres; plusieurs cheminées se sont écrou-
lées; plusieurs tours d'églises ont été endommagées. »

Le lendemain de l'affaire d'Odessa, les flottes réunies
se dirigèrent sur Sébastopol. Elles voulaient fournir aux
généraux russes une occasion réelle de déployer leur brillante valeur; elles se mirent en bataille vis-à-vis du port,
comme pour offrir le combat à la flotte qui s'y trouvait
mouillée. Mais ce fut inutilement; les vaisseaux russes
restèrent à l'ancre dans Sébastopol, et la flotte combinée
put sans difficulté détacher en croisière une frégate et
une corvette qui, s'avançant dans la baie jusqu'à la hauteur d'Eupatoria, purent s'emparer d'un certain nombre

de bâtiments qu'ils capturèrent sous les yeux mêmes et presque sous le canon de la place.

Les deux flottes s'éloignèrent ensuite pour visiter toute la mer Noire. La division sous les ordres du contre-amiral Lyons s'avança le long des côtes sud-est de la Circassie. Partout les Russes évacuaient leurs établissements et détruisaient leurs fortifications. Mais les belliqueux montagnards ne leur en laissaient pas toujours le temps. Les compagnons de Schamyl descendus de leurs rochers, quelquefois en grand nombre, attaquaient les détachements moscovites, les taillaient en pièces ou les mettaient en fuite, et s'emparaient de leurs positions fortifiées, qu'ils conservaient ou incendiaient selon les ordres qu'ils avaient reçus de Schamyl. Celui-ci se préparait à agir avec un corps considérable, que quelques rapports élèvent, dit-on, jusqu'à 40 000 hommes. D'Anapa à Soukoum-Kalé la côte circassienne était entièrement libre, et les munitions de guerre arrivaient en abondance à toutes les tribus indépendantes du Caucase et de l'Abasie.

Là s'arrêtent les nouvelles arrivées de ces parages éloignés.

Nous avons vu quelle était la position des armées russe et ottomane sur le Danube. Celle-ci va prochainement être rejointe par l'armée auxiliaire. La France et l'Angleterre ont rempli leur promesse. 70 000 Anglo-Français, débarqués à Gallipoli et Constantinople, sont en route pour les Balkans, et ne tarderont pas à déboucher dans les plaines de Varna et de Silistrie. Une entrevue a eu lieu à Varna entre Omer-Pacha et les généraux des troupes alliées, lord Raglan et le maréchal Leroy de Saint-Arnaud. Le plan de campagne paraît y avoir été discuté et l'on assure que le commandement en chef a été déféré au général français.

Le théâtre de la guerre s'est d'ailleurs agrandi. Il s'est étendu de l'Orient à l'Europe, de la mer Noire à la Baltique : il a pris ses proportions naturelles.

L'Angleterre, prête la première, à l'aide de ses immenses ressources navales, a mis sous les ordres de l'amiral Napier une flotte redoutable qui s'est élancée, à travers le Sund, vers les ports russes de la Baltique et du golfe de Finlande bien avant que la fonte des glaces, en dégageant la navigation, permît d'attaquer ces ports et de combattre les escadres qui y sont abritées.

Cette flotte ne compte pas moins de 22 vaisseaux de ligne et 27 frégates et corvettes de toutes dimensions : elle porte 2344 canons et 14 300 hommes d'équipage.

C'est à la vue de ce magnifique armement que, arrivé dans la baie de Copenhague, l'amiral, dans un accès d'*humour* tout britannique, a publié l'ordre du jour suivant :

ALLOCUTION DE SIR CHARLES NAPIER, TRANSMISE PAR SIGNAUX A LA FLOTTE DE LA BAIE DE KIOGE.

« Mes enfants,

« La guerre est déclarée. Nous allons avoir affaire à un ennemi hardi et nombreux. S'il nous offre le combat, vous savez ce que vous en ferez ; s'il reste dans le port, nous tâcherons de l'y joindre. Le succès dépend de la promptitude et de la précision de votre feu. Mes enfants, aiguisez vos sabres, et la victoire est à vous ! »

La France de son côté a fait partir de ses ports 9 vaisseaux de ligne, 8 frégates et 6 bâtiments de moindre force, qui, sous les ordres de l'amiral Parseval-Deschênes,

vont se joindre dans la Baltique à la flotte anglaise, à laquelle ils ajouteront plus de 1200 canons et 6 à 7000 marins.

On voit que la force totale des deux flottes présente un ensemble de 31 vaisseaux de ligne et 41 frégates, corvettes et autres navires, montés de 20 000 marins, et portant au moins 3600 bouches à feu.

Jamais la Baltique n'aura vu pareil déploiement de forces, et il faut convenir qu'avec les moyens de destruction dont la marine militaire dispose aujourd'hui, un tel armement justifie bien la terreur qu'il paraît avoir répandue en Russie dans toutes les parties de la population et du gouvernement. Tous les voyageurs qui arrivent de Saint-Pétersbourg sont unanimes sur l'impression qu'y produit l'attente des événements. Partout les magasins se ferment, les particuliers enfouissent ou vont cacher ce qu'ils possèdent dans l'intérieur des terres. La noblesse s'exile volontairement dans ses domaines. Les transactions ont cessé ; le papier à cours forcé a remplacé partout la monnaie métallique ; plus d'échanges, plus de commerce, plus de réunions ; la société consternée se sépare et s'ajourne. Le gouvernement semble augmenter lui-même et comme à dessein la panique, par les mesures qu'il prescrit en cas d'attaque, et qui ne vont rien moins qu'à détruire une partie de la capitale pour la soustraire à l'ennemi. C'est le sacrifice de 1812 en perspective, préparé cette fois bien sciemment et par les ordres mêmes de l'autocrate.

En dehors de la Russie, la politique du tzar ne paraît pas s'annoncer plus heureusement. Les Grecs, que ses intrigues et ses subsides ont un instant soulevés contre la Turquie, viennent d'échouer dans une entreprise aussi injuste que déplorable. Tout s'est réduit de leur part à massacrer, à piller en Albanie des populations inoffensives, pour la plupart chrétiennes. En passant devant le Péloponnèse, l'armée française y a débarqué un corps de 3000 hommes qui suffira pour réprimer ces brigandages et contenir une cour folle, que l'appareil de la force a déjà ramenée à la neutralité qu'elle n'aurait jamais dû abandonner.

La noble entreprise de la France et de l'Angleterre a rencontré des sympathies jusqu'en Amérique. Autour d'elles les deux puissances ont vu successivement s'apaiser les défiances, s'aplanir les difficultés, s'évanouir les mauvais vouloirs. La Prusse, liée si étroitement aux Romanoff par des unions de famille et des habitudes de déférence, commence à se rapprocher des vues de l'alliance anglo-française. Elle vient de signer avec l'Autriche un traité qui l'engage déjà jusqu'à un certain point dans la politique anti-moscovite. L'attitude de l'Autriche, d'abord hésitante et craintive, est devenue plus ferme et de plus en plus menaçante pour la Russie. Elle s'est chargée de comprimer la Servie et le Monténégro, agités, comme la Grèce, par les agents du tzar.

En un mot, tout ce qui a vie dans les conseils européens, tout ce qui a droit d'y prendre la parole dans les moments extrêmes, s'apprête et se dessine dans la mesure d'action qui lui est propre. La Russie rêvait la spoliation des États ottomans. La France et l'Angleterre ont refusé de permettre ce partage d'une nouvelle Pologne. Elles entendent, au contraire, raffermir le trône d'un monarque allié et le soustraire à jamais aux convoitises moscovites. Elles ont déclaré que c'était leur seul but, et qu'elles répudiaient, en ce qui les concerne, toute question d'intérêt, tout avantage territorial ou autre. L'Europe a foi dans leur parole : elle attend et se sent à la veille d'un événement décisif.

IV.

Misères de l'armée russe. — Coup d'œil rétrospectif sur la campagne de Turquie en 1828-1829.

Si l'on juge du sort qui se prépare pour l'armée russe d'après ce qui commence déjà à lui arriver, on peut lui prédire à coup sûr d'affreux désastres. Ces désastres paraîtront encore plus imminents si l'on jette un coup d'œil rétrospectif sur la campagne de Turquie en 1828-1829[1]. Et, qu'on le remarque bien, nous ne voulons pas parler des désastres qui peuvent être causés à l'armée de l'autocrate par les armées ennemies, nous parlons seulement de ceux qu'elle souffre essentiellement par elle-même et dont elle porte le principe dans son propre sein. Écoutez plutôt :

A l'ouverture de la guerre de Turquie, en 1828, le feld-maréchal Wittgenstein fut placé à la tête de l'armée russe. Ce choix était excellent ; nommer le prince Wittgenstein, c'était rappeler à l'esprit toutes les idées de haute expérience militaire, de courage brillant et de moralité administrative. Mais, à peine l'armée de l'autocrate avait-elle inauguré la campagne, que des intrigues de tout genre provoquées par le général Diebitsch, commandant en second, et chef de l'état-major général, commencèrent à saper l'autorité du maréchal. Ces intrigues ne tardèrent pas à être couronnées d'un plein succès, et l'on vit l'aide de camp presque inconnu monter au premier rang, tandis que le chef célèbre dut rentrer dans l'ombre, condamné à l'inaction.

Cette substitution fut fatale à l'armée russe. Tous ces vices odieux qui affectent d'ordinaire le corps de ses officiers, et que la présence du vieux prince Wittgenstein semblait tenir en respect, se donnèrent, dès qu'il fut rappelé, libre carrière. De là les étranges lenteurs qui caractérisèrent les opérations de l'armée russe pendant toute la durée de la campagne. De là surtout les déplorables malversations et les désordres intérieurs de toute espèce dont elle fut la victime.

Quand Diebitsch prit le commandement des mains du prince Wittgenstein, il se trouva à la tête d'une des plus belles armées dont ait jamais disposé la Russie. Elle se composait de six corps, par conséquent d'un effectif de 300 000 hommes ; du moins, si tel ne fut pas son chiffre réel dès le début de la guerre, ne tarda-t-elle pas à y arriver ; car, par suite des renforts et des compléments successifs qui lui furent envoyés, il n'est aucun de ses régiments qui n'ait pu compter au moins 2400 hommes. Or cette immense armée, qui le croirait ? il a suffi d'une campagne de deux années pour l'anéantir presque totalement. Un officier suédois, qui a servi plusieurs années en Russie, affirme que, lorsqu'elle rentra dans ses foyers, après la paix d'Andrinople, la plupart des régiments n'y ramenèrent que 400 hommes, plusieurs même que 75 ou 100 hommes seulement. C'était donc, pour toute la durée de la guerre, une perte nette d'au moins 2000 hommes par régiment. Au moment de la suspension des hostilités, il ne restait guère à Diebitsch que 20 000 hommes de disponibles. Nul doute que si le gouvernement turc eût eu con-

naissance de cet état de choses, aucun soldat russe n'eût repassé les Balkans.

A quoi attribuer un aussi effroyable désastre ? Sans doute, les fatigues, le changement de climat et de nourriture, la privation du bain de vapeur, cet élément indispensable de l'hygiène moscovite[1], y entrèrent pour quelque chose. Il faut tenir compte aussi de la peste, de la fièvre putride et de tant d'autres maladies compagnes inséparables d'une armée russe en campagne, qui, en moins d'un mois, entassèrent dans les hôpitaux d'Andrinople plus de 20 000 hommes, et dans ceux de Varna près de 40 000. Mais la cause principale, la cause inexorable de ce désastre, fut dans les abus monstrueux, les malversations de tout genre par lesquels les chefs militaires signalèrent leur administration. Ces abus, ces malversations, que l'honnêteté bien connue du prince Wittgenstein eût modérés peut-être, trouvèrent, dans la mollesse ou plutôt dans la complicité de Diebitsch, un encouragement scandaleux. Quelle influence moralisatrice eût-on pu attendre d'un homme aussi adonné à la boisson et aussi avide de gain que l'était ce général ? Voici, du reste, des faits significatifs :

Le 15 octobre 1829, la 5e et la 6e division d'infanterie, formant ensemble environ 15 000 hommes, se dirigèrent d'Andrinople vers le Danube. La paix était signée, nulle attaque, nulle surprise de l'ennemi n'étaient à craindre. Or, le 12 décembre suivant, c'est-à-dire après sept semaines de marche, ces deux divisions étant arrivées à la frontière russe, il ne s'y trouvait plus sous les armes que 3000 hommes ; le reste avait péri en route de froid ou de faim, ou occupait les ambulances, qui, de leur côté, ne rendirent guère que des cadavres.

D'Andrinople était également partie, vers la même époque, une batterie d'artillerie composée de 150 hommes et de 105 chevaux, avec ses canons, ses chariots de transport, ses fourgons, etc. Cette batterie laissa en route 50 hommes et 49 chevaux ; on ne sauva de son matériel que le bronze des canons. Elle fut, du reste, la seule des trois batteries appartenant à la 5e division qui regagna la frontière de l'empire ; les deux autres, épuisées d'hommes et de chevaux, durent rester en totalité sur le territoire turc.

De tels faits sont inouïs dans les fastes d'une armée victorieuse ; aussi les écrivains russes, de même que les écrivains étrangers qui ont voué leurs complaisances à la Russie, se sont-ils bien gardé d'en faire l'aveu. Mais ce qui est encore plus déplorable que ces faits eux-mêmes, c'est l'étrange machiavélisme qui les a produits. On raconte que l'intendant général de l'armée, P..., animé, nous ne savons pourquoi, d'une haine jalouse contre le comte Pahlen, chef des deux divisions si cruellement décimées, lui avait fait déclarer que ses soldats ne reverraient jamais la Russie. Que ce récit soit vrai ou faux, ce

---

1. Voir la Russie et la civilisation européenne. Paris, Lecou, 1854.

1. Les soldats russes prennent régulièrement un bain de vapeur par semaine, le mercredi ou le samedi ; on les y conduit par troupes, chaque individu portant sous le bras son linge et le paquet de verges de bouleau dont il doit se fouetter pour activer la transpiration. Cet usage du bain de vapeur garantit le soldat russe de la malpropreté qui l'envahit naturellement, et l'entretient en état de santé. Pierre le Grand y avait tant de confiance, que, lorsqu'il organisa son armée, il jugea superflu, dit-on, de fonder des hôpitaux militaires, prétendant que tant que les soldats iraient au bain, ils ne seraient jamais malades. On conçoit ce qu'une armée russe obligée de renoncer, en pays ennemi, à un exercice aussi nécessaire, doit avoir à souffrir de cette privation.

qui est certain, c'est que les dispositions prises par l'intendant général pour le retour du corps de Pahlen devaient infailliblement amener sa ruine. En effet, par un calcul qui ne peut s'expliquer que par une mauvaise foi insigne, car on ne peut supposer l'ignorance dans un chef aussi élevé qu'un intendant général, P…. avait supputé que Pahlen ne mettrait que quatre jours à repasser les Balkans. Ce temps était matériellement insuffisant; Pahlen n'arriva qu'au bout de six jours à la halte désignée.

Tous les magasins qui auraient dû l'attendre étaient déjà démolis ou dévastés : ni vivres pour les hommes ni fourrage pour les chevaux ; il en fut à peu près de même sur tout le reste de la route. Quand les troupes, fatiguées, parvenaient aux stations de nuit, au lieu de s'y livrer au repos et de s'y réfectionner, elles étaient obligées de se remettre en marche et d'aller chercher, souvent jusqu'à trois et cinq lieues, les provisions dont elles avaient besoin. Ajoutez à ces calamités un froid des plus rigoureux, puisque dans les parages des Balkans, du 19 novembre à la fin de décembre, le thermomètre descend habituellement jusqu'à 20 et 24° au-dessous de zéro, et vous comprendrez quel devait être l'état misérable de soldats presque nus et affamés et des chevaux exténués qu'ils

Supplice des baguettes.

montaient. Mais nous avons à raconter des désastres d'une précision encore plus effrayante.

Dans la première année de la guerre, les Russes, en s'avançant sur le pays ennemi, n'avaient eu avec l'armée du sultan que des engagements sans importance. Celle-ci se retirait devant eux, se contentant de ravager tous les endroits par lesquels ils devaient passer. De ces endroits, Bazardschik, situé à quelques jours de marche en deçà des Balkans, avait été peut-être le plus maltraité ; les Turcs n'y avaient laissé debout, au milieu de ruines et de débris d'incendie, que quelques maisons désertes. Ce fut néanmoins à Bazardschik que le 7/19 novembre 1829, le corps du comte Pahlen, revenant d'Andrinople, dut faire une halte de deux jours. On va voir avec quelle prévoyance, dans une circonstance aussi délicate, l'administration militaire s'acquitta de ses devoirs.

D'abord, les quelques maisons de la ville échappées aux dévastations des Turcs furent affectées à l'état-major et aux chancelleries de campagne les plus indispensables. Ceci n'exigeant aucun préparatif, les destinataires purent s'installer immédiatement. Quant aux troupes, comme il était impossible de les loger au milieu des décombres, il fut décidé qu'elles camperaient dans une plaine voisine. C'est alors que l'on commença à recueillir les tristes fruits des dispositions de l'intendant général.

Accablés de fatigue, tombant de froid et d'inanition, les régiments n'arrivaient que lentement, l'un après l'autre ; il fallut attendre longtemps avant que tous fus-

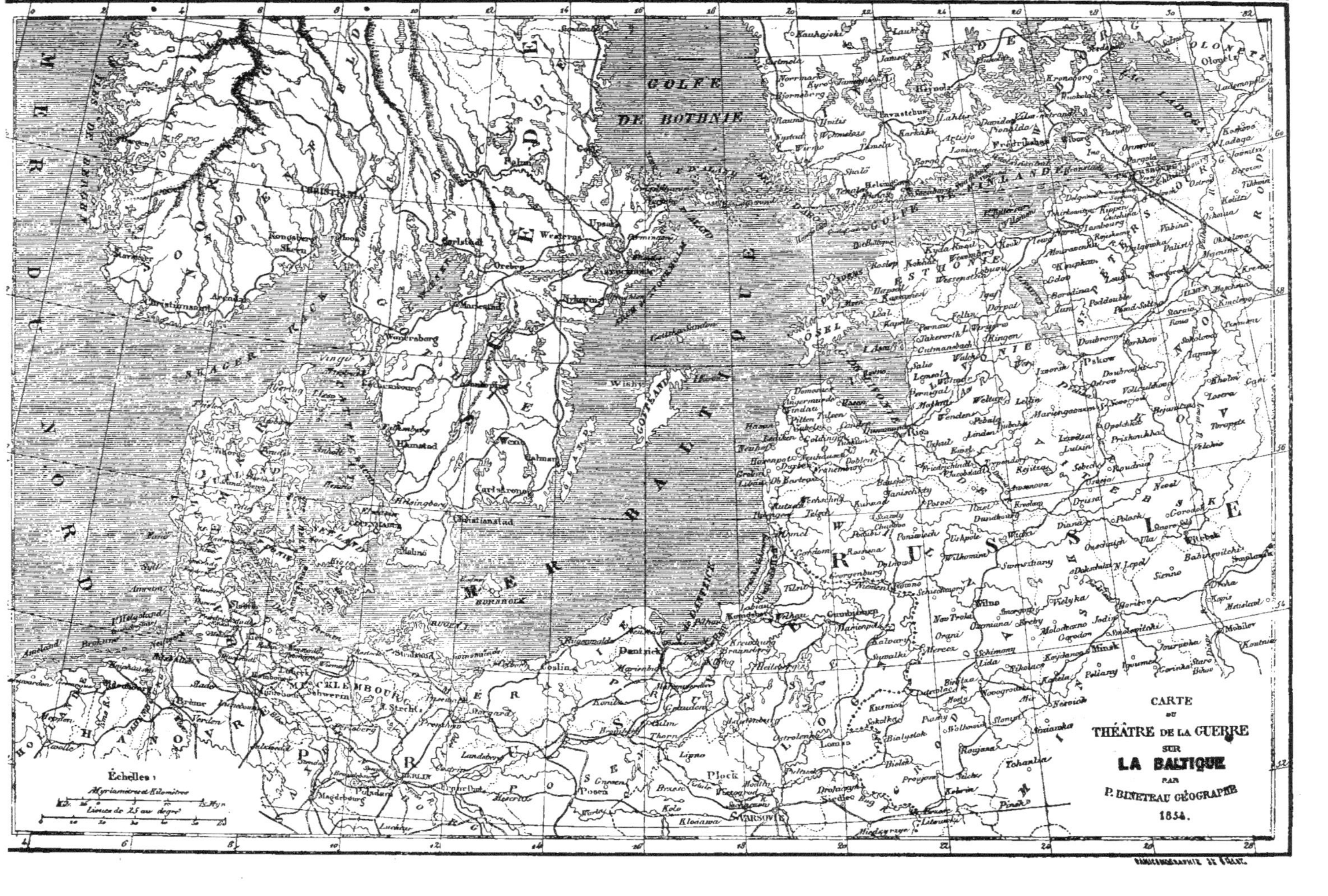
CARTE
du
THÉÂTRE DE LA GUERRE
sur
LA BALTIQUE
PAR
P. BINETEAU GÉOGRAPHE
1854.
GOLFE DE BOTHNIE
MER BALTIQUE
MER DU NORD
Échelles :
Myriamètres et Kilomètres
Lieues de 25 au degré

sent réunis, et encore combien de soldats, laissés morts ou mourants sur la route, ne répondirent pas à l'appel ! On sait déjà quel fut le sort des trois batteries d'artillerie attachées à la 5ᵉ division du comte Pahlen. Celle de ces batteries dont j'ai fait mention plus haut n'arriva à Bazardschik que le lendemain du gros de l'armée, et ne put commencer à bivouaquer qu'à trois heures de l'après-midi. Or, à ce moment, il faisait un froid de 5 ou 6 degrés, et la neige, qui tombait déjà depuis la veille, couvrait le sol à une hauteur de plusieurs pouces : quelle triste chose que le bivouac au milieu d'une pareille température! Mais la batterie dont nous parlons avait encore bien d'autres causes de démoralisation. Partie d'Andrinople avec 7 officiers, 150 soldats, 105 chevaux et un matériel complet, elle avait déjà perdu, à son arrivée dans la plaine de Bazardschik, 30 hommes, 20 chevaux et presque tous ses chariots et ses fourgons. Un seul de ses officiers, le sous-lieutenant A..., jeune

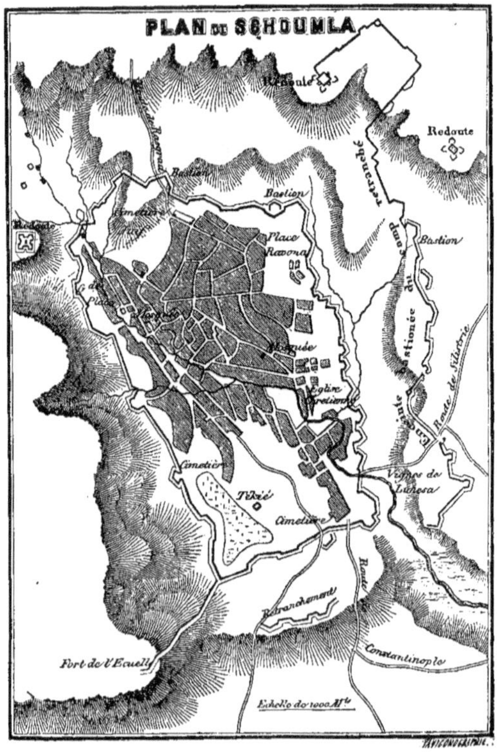

étranger sachant à peine le russe, se trouvait assez valide pour garder son commandement; les autres, parmi lesquels le colonel C..., étaient tombés malades en route, et avaient dû se réfugier à l'ambulance.

Ces désastres, déjà si graves, n'étaient que le prélude d'autres désastres plus graves encore; car c'est, à proprement parler, à Bazardschik que commença la longue passion des divisions Pahlen. Vers le soir du 8/20 novembre, le froid monta jusqu'à 20 degrés, et dans la nuit jusqu'à 24. Pour lutter contre une température aussi rigoureuse, Bazardschik, amas de ruines, ne pouvait évidemment offrir d'autres ressources que celles que l'administration de l'armée aurait pris soin elle-même d'y faire préparer. Or, quand la batterie commandée par le sous-lieutenant A.... y arriva, elle n'y trouva ni vivres, ni fourrages, ni même de bois à brûler. Elle dut envoyer chercher ces provisions à plus de trois lieues de son campement. 16 chevaux furent détachés dans ce but; mais, exténués de fatigue, à moitié gelés par le froid excessif de la nuit, ces chevaux tombèrent tous morts à leur retour, de même que la plupart des soldats qui avaient été chargés de les conduire.

Cet événement consterna le jeune officier, que l'absence des autres chefs avait laissé seul responsable du soin de la batterie ; et, comme il n'ignorait pas, d'ailleurs, l'implacable sévérité que la législation militaire de la Russie déploie en pareil cas, il n'envisageait sa position qu'en tremblant. Nous rappellerons que cet officier était étranger ; un Russe n'eût jamais éprouvé une telle appréhension : il sait trop qu'avec les lois de son pays, de même qu'avec ceux qui ont mission de les faire exécuter, si les accommodements sont chers, ils ne sont du moins pas impossibles.

Le sous-lieutenant A.... se dirigea le lendemain, dès le lever du jour, vers la ville, pour y faire son rapport au colonel C..., qui s'y était établi dans une maison avec les autres malades. Quelle fut sa stupéfaction, lorsqu'il vit tout l'espace qui séparait le bivouac de l'armée du quartier de l'état-major, c'est-à-dire près de 3 kilomètres, jonché de cadavres d'hommes et de chevaux ! Il en compta plus de 2000 de chaque espèce : terrible effet du froid de la nuit ! Mais, tout en attristant le sous-lieutenant, ce spectacle le consola en quelque façon ; car il pensa que, son chef venant à comparer les pertes de sa batterie avec celles du reste de l'armée, il trouverait les premières beaucoup trop minimes pour lui infliger un traitement rigoureux. Ce calcul se trouva juste : le colonel C..., qui s'était d'abord violemment irrité à la nouvelle des 16 chevaux morts, s'apaisa tout à coup quand A.... lui rapporta que les deux divisions en comptaient plus de 2000.

« Allez de ce pas, dit-il alors au jeune officier, au quartier du général en chef ; vous lui direz que la batterie est arrivée et que 8 chevaux ont péri ; pas un de plus, entendez-vous ? autrement, il vous arriverait malheur. »

A..., dont ce conseil alarmait la conscience, fit part de ses scrupules à son colonel, et s'efforça de lui démontrer tout ce qu'un faux rapport adressé à un chef supérieur avait d'injuste et pouvait offrir de danger.

« Vous êtes jeune, lui répliqua aussitôt le colonel, et vous ne connaissez pas encore le métier. Je vous veux du bien ; faites ce que je vous dis, ou craignez pour votre tête. Du reste, quoi qu'il arrive, je prends sur moi toute la responsabilité. »

Rassuré, mais non convaincu par ces dernières paroles, A.... se décida néanmoins à s'y conformer.

Introduit auprès du général Zulima, qui remplaçait alors le comte Pahlen, tombé aussi malade en route, il lui fit le rapport convenu.

« Comment ! s'écria brusquement le général, 8 chevaux de perdus ! Quelle est donc votre négligence ? Allez, monsieur, vous payerez cher une faute aussi grave ! »

En entendant cette sortie, A.... remercia, dans le fond de son cœur, Dieu et le colonel C.... de ce qu'il n'avait déclaré que la moitié de la perte. Car, si la mort de 8 chevaux avait provoqué chez le général en chef un si grand accès de colère, que ne fût-il pas arrivé s'il avait appris soudainement le véritable état des choses ? Mais au moment où A.... allait se retirer, le général Troloff entra tout à coup dans la chambre du général en chef :

« Que Votre Excellence, lui dit-il, me pardonne de la déranger pour une mauvaise nouvelle : la seconde batterie d'artillerie de la 5e division a perdu cette nuit 16 chevaux morts de froid ! »

— Seize chevaux ! reprit Zulima en se tournant vers le sous-lieutenant. Est-ce 16 ou 8 ? répondez. »

L'officier suédois auquel nous empruntons ces renseignements, dit que A..., qui lui a raconté lui-même ce fait, assurait ne pas se rappeler ce qu'il avait répondu à la question menaçante de Zulima ; il savait seulement qu'en le congédiant celui-ci lui avait dit sèchement : « Allez, monsieur, nous nous reverrons au conseil de guerre. »

Quand A.... se trouva dans l'antichambre du général en chef, il s'y arrêta un instant pour reprendre ses esprits et mesurer l'horreur de sa position. Il comprit qu'un faux rapport adressé au chef supérieur du corps le mettait sous le coup d'un châtiment terrible ; il serait fusillé peut-être ou tout au moins condamné à servir toute sa vie comme simple soldat. A.... ne se sentit pas le courage de faire ce sacrifice au conseil bienveillant du colonel C.... Il résolut de s'excuser le mieux qu'il pourrait, et demanda à être introduit de nouveau auprès du général. Zulima était heureusement un noble caractère, et il avait eu occasion pendant la campagne de connaître le sous-lieutenant A.... sous d'excellents rapports. Il le reçut et lui demanda d'un ton moins sévère ce qu'il avait à lui dire.

A.... s'exprima ainsi :

« Excellence, le délit qui est à ma charge ne me permet pas d'espérer le moindre ménagement de la part de mes juges. Aussi n'est-ce pas pour réclamer votre indulgence que j'ai sollicité cette nouvelle entrevue ; mais dans ce naufrage, où je vois s'engloutir pour jamais toutes mes espérances, il est une chose à laquelle j'attache le plus haut prix et que j'ai à cœur de sauver, c'est l'estime personnelle de mon général. Ce n'est ni par oubli ni par ignorance des lois de l'honneur que je me suis permis aujourd'hui, dans mon rapport, d'altérer la vérité. Je n'ai fait que suivre en cela le conseil du chef de ma batterie, le colonel C.... qui, par une bienveillance exagérée pour moi, et sans doute aussi par la crainte de causer une trop vive douleur à Votre Excellence en lui révélant brusquement les pertes immenses que l'armée a souffertes cette nuit, m'avait persuadé cette imprudente démarche, dont il m'avait promis, d'ailleurs, de prendre sur lui toute la responsabilité. Je n'ignore pas, toutefois, que la plus grande faute est de mon côté, et je serais au désespoir d'entraîner qui que ce soit dans mon malheur. La seule grâce que je sollicite de mon général, c'est qu'il daigne me continuer cette estime et cette bienveillance dont il m'a honoré jusqu'à présent, et qui me deviennent plus que jamais nécessaires au milieu des rudes épreuves qui me restent à traverser. »

Cette simple prière toucha visiblement le général Zulima. « Soyez tranquille, mon jeune ami, dit-il d'une voix très-douce à A..., vous avez commis une grande imprudence, sans doute, mais je connais votre zèle et votre bonne conduite, et la responsabilité de votre rapport ne retombera pas sur vous. Dites au colonel C.... de venir me parler dans une heure. Adieu. »

Quelle fut la joie du sous-lieutenant, lorsqu'il se vit ainsi échappé au danger ! Il se rendit, sans perdre de temps, au logement du colonel et lui raconta tout ce qui s'était passé. C.... entra dans une grande fureur et accabla le jeune officier des plus grossières injures. « Je ne vous ai donné aucun conseil, lui dit-il, c'est vous qui avez commis toute la faute, c'est à vous seul que peut revenir la responsabilité des malheurs qui frappent une batterie placée sous vos ordres. Retournez au bivouac ; je vous y ferai connaître ce qui sera décidé sur votre sort. »

Cependant l'événement que nous venons de décrire n'eut

aucune suite ni pour le colonel C.... ni pour le sous-lieutenant A..., qui conserva toujours son commandement dans la 2ᵉ batterie. Les pertes effroyables qui affligèrent l'armée russe à son retour dans la patrie passaient inaperçues pour le général en chef au milieu des autres détails de l'administration.

Avant de quitter Bazardschik, jetons un coup d'œil sur la manière dont on y avait pourvu au logement et au traitement des soldats malades. C'est encore le sous-lieutenant A.... qui nous servira ici d'éclaireur. S'étant informé, le soir de son arrivée, où il pourrait voir ceux de ses camarades qui étaient tombés malades, on lui indiqua un endroit désert situé à l'extrémité de la ville. Il s'y rendit. Les camarades d'A.... occupaient deux chambres d'environ 8 mètres carrés chacune et de l'aspect le plus misérable. En temps ordinaire, des gens même bien portants eussent mieux aimé camper en plein air que d'habiter de pareils trous. Tandis que notre sous-lieutenant témoignait son étonnement de ce qui s'offrait à ses yeux, un employé de l'administration des hôpitaux survint, et déclara que les deux chambres destinées d'abord aux officiers avaient été transformées, par ordre supérieur, en lazaret général, et qu'à l'instant même les soldats de l'ambulance allaient y être transportés. A.... prit alors congé de ses camarades et retourna au bivouac. Le lendemain matin, à huit heures, étant revenu, il trouva de chaque côté de la cour du nouveau lazaret un tas de cadavres couvrant un espace d'au moins 15 mètres carrés sur 2 mètres de haut : c'étaient des soldats morts dans la nuit; on en comptait plus de 200.

Un tel résultat était facile à prévoir. Ce n'est pas impunément que l'on pouvait entasser dans un local aussi exigu tant de malheureux à moitié gelés et affligés déjà, pour la plupart, de maladies contagieuses. Mais demandez donc de sages mesures à des médecins ignorants et à une administration qui spécule, ce semble, sur la mort afin de s'emparer de l'argent qu'elle reçoit pour prendre soin des vivants! Sans doute, dans toute armée, les maladies exercent de funestes ravages; mais dans l'armée russe ces ravages dépassent toute proportion. Par exemple, si aujourd'hui elle envoie 10 soldats à l'hôpital, demain elle en enverra 50, et à la fin de la semaine 500, témoin ce qui s'est passé à Andrinople et à Varna. Ajoutons que, sur le nombre des soldats alités, il en meurt toujours 10, 15 et jusqu'à 25 pour 100.

Pour revenir à la marche de l'armée russe en Turquie, et en particulier au retour du 2ᵉ corps en 1829, nous ferons observer que cette dernière opération n'était, de la part du gouvernement russe, qu'un calcul politique pour cacher les pertes immenses qu'il avait faites durant le cours de la guerre, pertes qui s'étaient élevées, comme on sait, à près de 300 000 hommes. Le tzar voulait persuader par là qu'il avait une surabondance de troupes telle qu'il pouvait impunément en rappeler une grande partie; aussi vit-on les principaux journaux de l'Europe, s'associant à ce calcul, publier que la plupart des corps russes qui avaient été employés en Turquie avaient repassé la frontière. Or, la somme de tous ces corps se bornait, comme il a été dit, aux 5ᵉ et 6ᵉ divisions Pahlen, c'est-à-dire à une force de 15 à 16 000 hommes, dont un cinquième seulement rentra en effet dans le pays. Mais tel est le caractère du gouvernement russe, de ne reculer devant aucun mensonge quand il s'agit de se grandir et de s'imposer. N'a-t-on pas vu, en 1837, un général Weljaminoff adresser aux rebelles du Caucase de lyriques proclamations où il leur disait que la Russie avait conquis la France, et qu'il n'y avait plus désormais que deux maîtres en droit de commander : Dieu au ciel, et le tzar sur la terre? Rappellerons-nous encore les derniers manifestes de l'empereur Nicolas? La politique de la Russie est donc un poison bien délétère, puisqu'elle a réussi à corrompre, à un degré aussi scandaleux, un caractère dont les écrivains les moins sympathiques s'étaient plu jusqu'à présent à reconnaître la noblesse et la loyauté!

L'amiral Napier.

En arrivant à Bazardschik, les deux divisions Pahlen étaient déjà réduites à 12 000 hommes. Ce n'était là qu'un prélude. A partir de Bazardschik, le désastre prit des proportions effrayantes. Entre cette ville et Isackscha, près du Danube, s'étendait une plaine continue de plus de 100 lieues, où pas un arbre, pas une plante ne s'élevaient du sol, un lugubre désert. Les commissariats de guerre ne pouvaient l'ignorer. Cependant, quand les troupes arrivaient aux stations qui leur étaient désignées, elles n'y trouvaient le plus souvent ni bois ni autres combustibles pour se chauffer et faire cuire leurs aliments. Dans les cas même où des provisions de ce genre avaient été préparées, elles étaient placées si loin des campements et si éparses, qu'il fallait que les soldats employassent à les aller chercher la plus grande partie du temps que l'ordre du jour affectait à leur repos. Mais, quelque courageux qu'ils fussent, le froid enchaînait leurs forces. On voyait ces malheureux, après s'être traînés une ou deux verstes leur charge de bois sur les épaules, la jeter tout à coup par terre et rentrer harassés au bivouac, où l'absence de feu et la faim les achevaient. C'est ainsi que plus de 8000 hommes périrent, et que la marche de l'armée russe de Bazardschik au Danube fut une véritable marche funèbre.

Ce qu'il y a à remarquer au milieu de ces scènes lamentables, et ce qui, malgré les vices administratifs qui déshonorent l'armée russe et qui en paralysent si souvent l'action, doit donner à réfléchir aux puissances qui auraient à lutter contre cette armée, c'est l'incroyable esprit de discipline, c'est la fermeté stoïque qui se manifestèrent dans les soldats[1]. Ni la faim, ni le froid, ni les souffrances de tout genre qui les accablaient ne purent leur arracher une seule plainte, une seule malédiction contre les chefs qui en étaient les coupables auteurs. Nous avons dit que le Russe était fataliste. Le retour des Balkans suffirait à lui seul pour le prouver avec évidence; mais ici le fatalisme se traduit par des actes dont eussent été fiers les plus intrépides martyrs.

Quand un soldat épuisé de froid et de faim tombait en route, et qu'un officier l'exhortait à rassembler ses forces pour gagner le bivouac, il répondait humblement et avec un douloureux sourire : « Merci, mon officier, mais il fait aussi froid au bivouac qu'ici; ici, d'ailleurs, Dieu se trouve également; laissez-moi mourir! » Et il s'endormait sans murmurer, serrant convulsivement son fusil contre sa poitrine gelée.

L'officier suédois de qui nous tenons ces détails les avait recueillis personnellement de plusieurs témoins oculaires; il insiste sur eux avec complaisance, et part de là pour s'apitoyer sur le sort misérable du soldat russe. Mais

Nesselrode

un fait qu'il signale, et auquel il nous eût été difficile à nous-mêmes d'ajouter foi s'il ne nous eût encore été confirmé par des témoignages irrécusables, c'est que la dixième partie des soldats tombés entre Bazardschik et le Danube ont été enterrés vivants. Chaque matin, en effet, lorsque les troupes devaient continuer leur marche à travers l'immense désert de neige qui s'ouvrait devant elles, il se trouvait dans toutes les compagnies un nombre plus ou moins grand de soldats engourdis par le froid, et qui, bien que respirant encore, étaient néanmoins incapables de suivre leurs camarades. Les faire monter sur les chariots de bagages ou sur ceux des ambulances était impossible; les chevaux, décimés au moins autant que les hommes par la rigueur de la saison et par le manque de fourrage, n'auraient pu les traîner. Il ne fallait pas songer non plus à laisser auprès de ces malheureux des gardes pour les soigner; ces gardes eussent bientôt partagé leur sort. Pour en finir, on se contentait de les transporter à quelque distance des bivouacs, et on les enterrait dans la neige; là, ils trouvaient leur lit d'agonie et leur tombeau.

Chaque nouvelle étape éclaircissait les rangs d'une manière effrayante; la plus grande partie des soldats qui étaient présents au dernier bivouac manquaient au bivouac suivant : ils étaient restés en route, exténués de fatigue, de froid et de faim. On envoyait alors un officier et quelques hommes à leur rencontre; mais ceux-ci périssaient souvent eux-mêmes. Jamais, du moins, ils ne ramenaient qu'un fort petit nombre de ceux qu'ils étaient allés chercher; ils ne trouvaient habituellement que des cadavres. L'infanterie et la cavalerie avaient surtout à souffrir dans ces tristes occurrences; l'artillerie y résistait mieux, ses affûts lui offrant les moyens de transporter sans fatigue ses hommes, son combustible et ses malades; et encore ne savons-nous pas, par ce qui a été raconté de la 2e batterie de la

1. On serait étonné si l'on racontait les moyens dont se servent les officiers russes pour former leurs soldats à la discipline. Voici un fait. Nous avons connu très-particulièrement en Russie, un général chargé d'inspecter un des corps détachés de l'armée. Ce général était d'origine allemande, de formes très-polies, de mœurs privées très-douces, un homme du monde, en un mot. Or, voici comment il traitait ses soldats : Quand l'un d'eux s'était rendu coupable de quelque délit disciplinaire, il convoquait toute sa compagnie, qu'il faisait ranger autour d'une fosse creusée d'avance; puis, le délinquant étant amené, il lui ordonnait de se mettre à genoux par terre, sur le bord de la fosse, et le faisait battre à coups de bâton jusqu'à ce qu'il y tombât. Alors, prenant une voix sévère : « Souviens-toi, lui disait-il, de ce châtiment, et garde-toi de t'y exposer une seconde fois, car alors la terre serait jetée sur ton corps, et cette fosse te servirait de tombeau. » Le malheureux soldat était ensuite ramené à la caserne souillé de sang et de terre; nous laissons à penser s'il profitait de la leçon. Tel est le mode d'éducation dont faisait usage un homme éminemment civilisé. Quel doit donc être celui de tant de généraux russes qui n'ont pas encore secoué leurs instincts de barbarie, et dont on n'aurait qu'à gratter l'épiderme pour retrouver, comme disait Napoléon, le Tartare? On sait, du reste, que le bâton est en Russie l'*ultima ratio* de toute autorité.

5⁰ division, les désastres inouïs qui ont affligé cette arme.

Nous avons dit plus haut qu'immédiatement après avoir franchi les Balkans l'armée russe fut accueillie par une neige qui ne cessa de la poursuivre jusqu'aux frontières de l'empire. Pour suppléer à l'imprévoyance, ou plutôt au mauvais vouloir de l'administration, qui ne leur faisait distribuer aux stations de passage qu'un fourrage insuffi- sant, les cavaliers lâchaient la bride à leurs montures et les invitaient à chercher sous la neige le peu d'herbe qui teriait au sol. Mais quelle pâture pour des animaux affa- més ! Ils périssaient, et avec eux les rares moutons et au- tres bêtes qui avaient pu être achetés pour l'approvi- sionnement de l'armée. On eût dit que c'était un parti pris de la part des chefs de laisser périr les malheureux soldats qu'ils étaient chargés de ramener à leur souve- rain. Nous le répétons encore : des troupes russes par- ties d'Andrinople le 15 octobre 1829, c'est-à-dire de la 5⁰ et de la 6⁰ division Pahlen, formant ensemble 12 ba- taillons d'infanterie, 12 escadrons de cavalerie et 6 bat- teries d'artillerie, en tout 15 ou 16 000 hommes, il n'en arriva, le 12 décembre suivant, sur le territoire moscovite, que 3000, parmi lesquels 4 ou 500 ca- valiers, tirant après eux leurs chevaux décharnés, et 200 artilleurs avec juste le nombre de montures néces- saires pour traîner leurs canons. On sait déjà que la plu- part des chariots de bagages avaient dû rester dans les Balkans, faute de chevaux ; les hommes les avaient sup- pléés en chargeant comme ils pouvaient, sur leurs épaules, les provisions, les armes, les vivres, de même que les outils et instruments de toutes sortes nécessaires à la marche d'une armée. Était-il donc possible qu'indépen- damment des autres causes de désastre que nous avons déjà fait connaître, les troupes de retour ne succombas- sent pas sous un fardeau aussi écrasant? Ajoutez à tout cela la peste, qui, parmi le corps des médecins et des chirurgiens seulement, enleva près de 500 individus.

Telle est la lugubre histoire de la marche d'une armée russe pendant neuf semaines. On ne trouve d'analogue à ce fait que dans la retraite de Moscou en 1812. Mais ici quelle différences dans les situations respectives ! Déve- loppée sur une ligne incommensurable, l'armée française n'avait qu'une base d'opération éloignée et incertaine. Outre les rigueurs du climat, elle avait encore à répondre aux attaques sans cesse renouvelées d'un ennemi d'autant plus dangereux qu'il était pour ainsi dire insaisissable, et que, se trouvant au milieu de ses propres foyers, il ré- parait par des recrues toujours fraîches ses pertes les plus graves au fur et à mesure qu'il les subissait; l'armée française, en un mot, ne pouvait échapper à une ruine complète qu'à la condition d'emporter à la pointe de l'é- pée chaque morceau de terrain qu'elle occupait, et de réi- térer à chaque instant ses victoires. A partir des Balkans, au contraire, l'armée russe n'avait qu'à mettre le pied devant elle; nul ennemi ne s'opposait à sa marche; elle était victorieuse et la paix était signée.

Prenons la question dans son ensemble. La guerre que la Russie fit à la Turquie en 1828 et en 1829 mettait de son côté toutes les chances. Aucune puissance étrangère n'intervenait; elle se trouvait seule à seule en face de son ennemie, et cette ennemie était faible, désorganisée, ne disposant que d'une partie de ses ressources et ne pou- vant réparer les pertes que le destin des combats lui faisait éprouver! D'avance donc, le résultat final était connu ;

car la Russie était alors dans toute la splendeur de sa force ; elle avait une armée magnifique, un matériel d'une richesse imposante, et le souvenir récent du rôle presti- gieux qu'elle avait joué dans les dernières guerres de l'em- pire l'animait d'un courage et d'une confiance auxquels rien ne semblait devoir résister. « Qu'elle se montre seule- ment sur le champ de bataille, et soudain les Turcs seront terrassés ! » Voilà ce qu'on disait, voilà ce qu'on croyait.

Cependant, non-seulement les Turcs ne furent pas sou- dain terrassés, mais encore il s'en fallut de peu que les Russes n'échouassent ; et quand, enfin, après de lon- gues années de campagne, et au prix de trahisons pro- voquées et d'efforts inouïs le sultan fut contraint de signer le traité d'Andrinople, il se trouva que les 300 000 sol- dats que le tzar avait envoyés contre lui, et que les balles et les boulets ottomans avaient pourtant si peu affligés, avaient jonché, on sait dans quelle proportion, de leurs cadavres victorieux les plaines et les montagnes qui s'é- taient ébranlées naguère au bruit de leurs pas.

Qu'est-ce donc que l'administration militaire en Rus- sie pour couronner par d'aussi lamentables désastres un événement triomphal? Sans doute, si le trésor autocra- tique lui avait fait défaut, on comprendrait jusqu'à un certain point ses imprévoyances ; mais l'empereur Ni- colas a déclaré lui-même que pendant toute la guerre de Turquie son armée d'opération lui avait coûté *un million de roubles par jour.* Une pareille somme ne suffisait-elle pas pour empêcher qu'elle ne mourût de faim et de froid ? Mais les chefs des armées moscovites ont bien d'autres soucis dans l'âme que la santé et la vie du soldat. La guerre est un temps de licence et d'impunité ; ils se hâ- tent de le mettre à profit, et l'on peut juger de l'avidité qu'ils y déploient par les déprédations monstrueuses aux- quelles ils se livrent déjà en temps de paix. Que de fois, au retour des Balkans, les inspecteurs ne trouvèrent-ils pas les caisses vides ! Le colonel C..., ce chef de batterie dont il a été question, ne fut-il pas, en différentes occa- sions, convaincu lui-même d'avoir dissipé des sommes considérables affectées à l'achat des fourrages et d'autres munitions ? Mais, de tous ces dilapidateurs, le plus cou- pable était, sans contredit, le maréchal Diebitsch ; car, enfin, sa haute position de général en chef ne l'obligeait- elle pas à prévenir et à réprimer, au besoin, l'odieuse conduite de ses officiers ; et, s'il ne l'a pas fait, la res- ponsabilité n'en retombe-t-elle pas tout entière sur sa tête? Il est vrai que Diebitsch avait une manière à lui d'exprimer son mécontentement de ce qui s'était passé. Il disait, en parlant de ceux de ses soldats qui étaient morts de froid ou de faim, *qu'ils avaient imprimé une tache à leur gloire !...*

Le traité d'Andrinople a fait connaître à l'Europe les avantages politiques que la campagne de 1828 a procurés à la Russie ; les documents que nous venons de produire suffiront pour faire apprécier l'honneur moral qu'en ont retiré ses armées. Cependant les plus hautes faveurs ac- cueillirent les officiers à leur retour. Diebitsch reçut le bâton de maréchal avec le titre de comte, auquel on joi- gnit plus tard celui de *Zabalkansky* (vainqueur des Bal- kans); on lui donna, en outre, un million de roubles en espèces, une batterie de canons, et la propriété de deux régiments qui portèrent son nom. Enfin, Diebitsch fut décoré de l'ordre de Saint-Georges de première classe, l'ordre militaire le plus élevé de l'empire, auquel est at- tachée une pension considérable. N'était-ce pas assez pour consacrer la gloire du général en chef aux yeux de toute l'Europe? Chacun des autres chefs qui avaient pris part à la campagne fut récompensé proportionnellement. Un seul, un général faisant partie de l'état-major, se vit traiter en bouc émissaire, et dut emporter, dans une permission de voyager à l'étranger, tous les péchés de ses collègues. On sait qu'en Russie ce genre de permission est une formule de disgrâce à l'usage des prévaricateurs de haut rang.

V.

Testament de Pierre le Grand.

Avant de clore cette première série, nous ne saurions nous dispenser de donner place à une pièce qui a été beaucoup reproduite depuis l'ouverture des hostilités, mais sur laquelle on ne saurait trop fixer l'attention publique, puisque là est le principe même de la politique russe, le programme qu'elle a suivi à la lettre jusqu'à présent. Nous parlons du testament de Pierre Ier, de ce testament qui, d'après les témoignages les plus authentiques, fut ébauché par le grand tzar en 1710, après la bataille de Pultava, retouché par lui en 1722, après la paix de Nystad, et formulé définitivement en 1730 par le chancelier Osterman. En voici les articles principaux :

I. Entretenir la nation russe dans un état de guerre continuelle, pour tenir le soldat aguerri et toujours en haleine; ne le laisser reposer que pour améliorer les finances de l'État, refaire les armées, choisir les moments opportuns pour l'attaque. Faire ainsi servir la paix à la

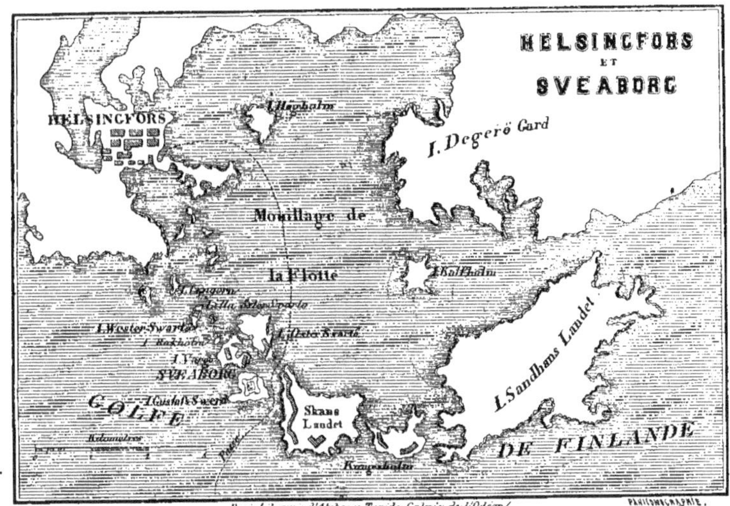

Paris Librairie d'Alphonse Taride. Galerie de l'Odéon.

guerre, et la guerre à la paix, dans l'intérêt de l'agrandissement et de la prospérité croissante de la Russie.

II. Appeler par tous les moyens possibles, de chez les peuples instruits de l'Europe, des capitaines pendant les guerre et des savants pendant la paix pour faire profiter la nation russe des avantages des autres pays, sans lui faire rien perdre des siens propres.

III. Prendre part en toute occasion aux affaires et démêlés quelconques de l'Europe, et surtout à ceux de l'Allemagne qui, plus rapprochée, intéresse plus directement.

IV. Diviser la Pologne en y entretenant le trouble et des jalousies continuelles; gagner les puissants à prix d'or; influencer les Diètes, les corrompre, afin d'avoir action sur les élections des rois; y faire nommer ses partisans, les protéger, y faire entrer les troupes moscovites, et y séjourner jusqu'à l'occasion d'y demeurer tout à fait. Si les puissances voisines opposent des difficultés, les apaiser momentanément en morcelant le pays, jusqu'à ce qu'on puisse reprendre ce qui aura été donné.

V. Prendre le plus qu'on pourra de la Suède, et savoir se faire attaquer par elle pour avoir prétexte de la subjuguer. Pour cela, l'isoler du Danemark, et le Danemark de la Suède, et entretenir avec soin leurs rivalités.

VI. Prendre toujours les épouses des princes russes parmi les princesses d'Allemagne, pour multiplier les alliances de famille, rapprocher les intérêts, et unir d'elle-même l'Allemagne à notre cause en y multipliant notre influence.

VII. Rechercher de préférence l'alliance de l'Angleterre pour le commerce, comme étant la puissance qui a le plus besoin de nous pour sa marine, et qui peut être le plus utile au développement de la nôtre. Échanger nos bois et autres productions contre son or, et établir entre ses marchands, ses matelots et les nôtres, des rapports continuels, qui formeront ceux de ce pays à la navigation et au commerce.

VIII. S'étendre sans relâche vers le nord, le long de la Baltique, ainsi que vers le sud, le long de la mer Noire.

IX. Approcher le plus possible de Constantinople et des Indes. Celui qui y régnera sera le vrai souverain du monde. En conséquence, susciter des guerres continuelles, tantôt au Turc, tantôt à la Perse, établir des chantiers sur la mer Noire, s'emparer peu à peu de cette mer, ainsi que de la Baltique, ce qui est un double point nécessaire à la réussite du projet; hâter la décadence de la Perse; pénétrer jusqu'au golfe Persique; rétablir, si c'est possible, par la Syrie, l'ancien commerce du Levant, et avancer jusqu'aux Indes, qui sont l'entrepôt du monde. Une fois là, on pourra se passer de l'or de l'Angleterre.

X. Rechercher et entretenir avec soin l'alliance de l'Autriche; appuyer en apparence ses idées de royauté future sur l'Allemagne et exciter contre elle, par-dessous main, la jalousie des princes. Tâcher de faire réclamer des secours de la Russie par les uns ou par les autres, et exercer sur le pays une espèce de protection qui prépare la domination future.

XI. Intéresser la maison d'Autriche à chasser le Turc de l'Europe, et neutraliser ses jalousies lors de la conquête de Constantinople, soit en lui suscitant une guerre avec les anciens États de l'Europe, soit en lui donnant une portion de la conquête, qu'on lui reprendra plus tard.

XII. S'attacher à réunir autour de soi tous les Grecs désunis (schismatiques) qui sont répandus, soit dans la Hongrie, soit dans la Turquie, soit dans le midi de la Pologne; se faire leur centre, leur appui, et établir d'avance une prédominance universelle par une sorte d'au-

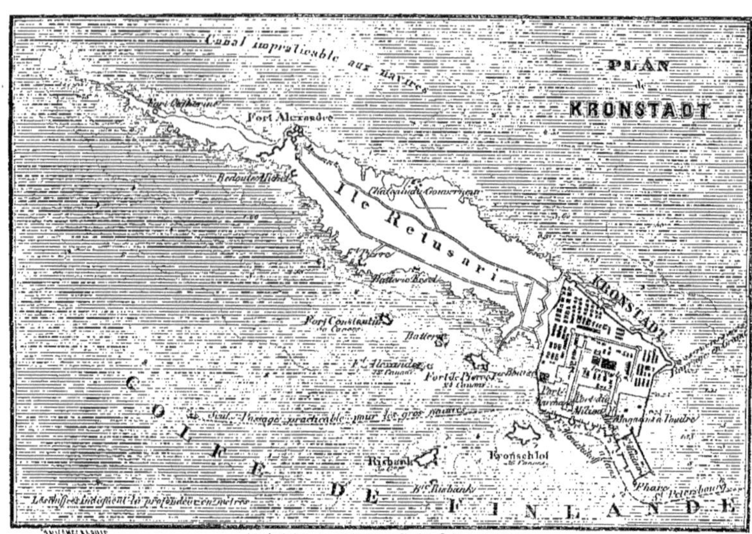

tocratie ou de suprématie sacerdotale : ce seront autant d'amis qu'on aura chez chacun de ses ennemis.

XIII. La Suède démembrée, la Perse vaincue, la Pologne subjuguée, la Turquie conquise, nos armées réunies, la mer Noire et la mer Baltique gardées par nos vaisseaux, il faut d'abord proposer séparément et très-secrètement, d'abord à la cour de Versailles, puis à celle de Vienne, de partager entre elles l'empire de l'univers. Si l'une des deux accepte, ce qui est immanquable, en flattant leur ambition et leur amour-propre, se servir d'elle pour écraser l'autre; puis écraser à son tour celle qui demeurera, en engageant avec elle une lutte qui ne saurait être douteuse, la Russie possédant déjà en propre tout l'Orient et une grande partie de l'Europe.

XIV. Si, ce qui n'est point probable, chacune d'elles refusait l'offre de la Russie, il faudrait savoir leur susciter des querelles et les faire s'épuiser l'une par l'autre. Alors, profitant d'un moment décisif, la Russie ferait fondre ses troupes rassemblées d'avance sur l'Allemagne, en même temps que deux flottes considérables partiraient, l'une de la mer d'Azof, et l'autre du port d'Arkhangel, chargées de hordes asiatiques, sous le convoi des flottes armées de la mer Noire et de la mer Baltique. S'avançant par la Méditerranée et par l'Océan, elles inonderaient la France d'un côté, tandis que l'Allemagne le serait de l'autre, et ces deux contrées vaincues, le reste de l'Europe passerait facilement et sans coup férir sous le joug.

Ainsi peut et doit être subjuguée l'Europe!

Ch. Lahure, imprimeur du Sénat et de la Cour de Cassation
(ancienne maison Crapelet), rue de Vaugirard, 9.